Prof. Hartmann Römer
mit besten Wünschen
herzlich kollegial gewidmet

[signature]

WOLFGANG OCKENFELS

Das hohe C
Wohin steuert
die CDU?

WOLFGANG OCKENFELS

Das hohe C
Wohin steuert die CDU?

Sept. 2011

Sankt Ulrich Verlag

Bibliographische Information der Deutschen Bibliothek

Die Deutsche Bibliothek verzeichnet diese Publikation in der
Deutschen Nationalbibliographie; detaillierte bibliographische Daten
sind im Internet über http://dnb.ddb.de abrufbar.

© 2009 by Sankt Ulrich Verlag GmbH, Augsburg
Alle Rechte vorbehalten
Umschlaggestaltung: uv media werbeagentur
Mediengruppe Sankt Ulrich Verlag, Augsburg
Druck und Bindung: Ludwig Auer GmbH, Donauwörth
Printed in Germany
ISBN 978-3-86744-111-7
www.sankt-ulrich-verlag.de

INHALT

Zur Einführung:
DIE GRETCHENFRAGE

Die CDU ist nervös geworden. In ihr herrscht ein ständiges Kommen und Gehen von Personen, Programmen und Projekten. Ein klarer Kurs ist kaum noch erkennbar, wie überhaupt die Unterscheidungsmerkmale zwischen den Parteien sich immer mehr verwischen. „Die Lage war noch nie so ernst", möchte man mit dem Parteipatriarchen Konrad Adenauer ausrufen. In der nach oben offenen Krisenskala kann sich der Ernstfall freilich immer weiter steigern. Zu Adenauers Zeiten, also zur Gründerzeit der Bundesrepublik, waren die Krisen noch eingefügt in eine zuversichtliche Aufbruchsstimmung. Und in religiöser Gelassenheit und Überzeugungskraft bekam „der Alte" diese Krisen – wie auch seine Partei – in den Griff. Adenauer stand als katholischer Christ für die CDU, und die CDU stand hinter Adenauer.

Das liegt alles sehr weit zurück. Und die Deutschen scheinen in dieser langen Epoche von Frieden und Freiheit, von Wohlstand und Sicherheit vergessen zu haben, auf welcher religiösen und moralischen Grundlage ihr Glück beruhte. Fast ganz entschwunden sind auch die geistigen Orientierungen, die der Sozialen Marktwirtschaft, der Westintegration, der Wiedervereinigung Deutschlands in der Einheit Europas eine sinnvolle Richtung gaben. Heute stehen die Enkeltöchter und -söhne Adenauers ratlos und deprimiert vor Problemen eines schier unbegreiflichen und scheinbar unaufhaltsamen Niedergangs.

Von außen bedroht durch ein globales Wirtschaftsdesaster, innerlich heimgesucht von einer geistig-moralischen Wertekrise, bemühen sich unsere politisch-ökonomischen Eliten zu retten, was vielleicht nicht mehr zu retten ist. Der „Zauber", der nach Hermann Hesse „jedem Anfang" innewohnt, scheint einem Fluch gewichen zu sein, der jeden Abstieg begleitet. „Verwerfungen", „Unübersichtlichkeit" und „Politikverdrossenheit" sind die wertneutralen Bezeichnungen für jene degenerativen Entwicklungen, die sich schon seit langem angebahnt haben. Und die sich aus so vielen und unterschiedlich vergifteten Quellen speisen, daß keiner mehr die Zusammenhänge ganz überblicken kann und bewerten mag.

Und keine Rettung in Sicht, nirgendwo. Sollten wir vielleicht an die Gründerjahre der Bundesrepublik anknüpfen? Damals konnte die CDU im Verein mit den christlichen Kirchen einen Neuanfang wagen. Nach der totalen Katastrophe des nationalsozialistischen Terrorregimes gewann die Kirche, die die Verfolgungen überlebte, eine besondere Glaubwürdigkeit. Und sie, vor allem die katholische Kirche, verbündete sich mit einer Partei, die ihre Lehren nicht nur aus der Geschichte, sondern auch aus dem Erfahrungsschatz der Katholischen Soziallehre zog.

Ein Programm zur gründlichen Überwindung der heutigen Krisen fehlt der CDU. Denn sie hat sich weitgehend von ihren christlichen Wurzeln, von ihren programmatischen Ursprüngen entfernt und Zuflucht gefunden bei einem oberflächlichen Pragmatismus. Und die Kirchen? Als Partner und Ideengeber der CDU? Sie sind dabei, Opfer einer Entwicklung zu werden, die sie selber angestoßen haben. Das nennt man „Säkularisierung", die einen schließlich selber erfaßt. Ihre spirituelle Anstoßkraft hat sich verflüchtigt, ihre sozialethische Prägekraft ist erlahmt. Und wie soll ein Lahmer einen Blinden führen?

Die sich als die ganz großen Retter aufspielen wollen, haben uns gerade noch gefehlt. Gott sei Dank gibt es noch keine nennenswerte Nachfrage nach starken Führern. So bleiben uns die politischen Propheten eines irdischen Paradieses einstweilen erspart. Aber an den linken und rechten Rändern unserer Demokratie regen sich demagogische Figuren und Lemuren, die uns das innerweltliche Heil verheißen. Also Leute, die aus der deutschen und europäischen Geschichte so gut wie nichts gelernt haben. Diese seit 1945 und 1989 evident gescheiterten und mithin obsoleten Varianten der Weltverbesserungsideologie sollten eigentlich für immer erledigt sein. Aber die Gespenster der Reideologisierung sind dabei, sich aus ihren Gräbern zu erheben: Neonazis und Neosozialisten feiern eine Auferstehung, zu der nicht unerhebliche Teile der Bevölkerung ihre Zustimmung erteilen. Und ein neues Ideologiegespenst gesellt sich hinzu: die „Diktatur des Relativismus", wozu Joseph Ratzinger, der „deutsche" Papst Benedikt XVI., schon das Notwendige gesagt hat. Dafür bekommt er jetzt eine mediale Vergeltung zu spüren, die seine Warnungen nachträglich bestätigt.

Das neue Gespenst scheint sich inzwischen europaweit auszubreiten, es hat auch die CDU erreicht und benebelt. Die christlich-abendländischen Wurzeln Deutschlands und Europas sterben sichtbar ab. Und die CDU, die sich immer als deutsche Avantgarde des europäischen Projekts verstand, scheint weder die Kraft noch den Willen zu haben, wenigstens in Deutschland noch die tragenden Säulen christlicher Humanität zu sichern. Diese sind in einem aussterbenden Volk besonders vom Einsturz bedroht. Aber auch besonders notwendig.

Von ihren Ursprüngen an war die CDU von christlicher Weltanschauung und Moral durchdrungen – und mit Katholischer Soziallehre imprägniert. Diese garantierte zwar nicht das wohlstandsgesättigte Überleben des deutschen Volkes oder gar die bleibende strukturelle Gestaltungsmacht einer „christlichen" Partei. Völker kommen und gehen. Auch Parteien. Sie gehen vor allem dann, wenn sie ihr Gesicht verlieren und ihren eigenen Nachwuchs verkümmern lassen. Oder wenn sie innerlich morsch und moralisch korrupt werden.

Wie die „Democrazia Cristiana" in Italien, die trotz ihrer großen historischen Verdienste abtreten mußte. Kann der CDU dasselbe Schicksal blühen?

Es scheint, als wären die Enkelkinder Adenauers dabei, sein Erbe und den geschichtlichen Auftrag der CDU zu verspielen. Ihre Identität als C-Partei setzte sie nicht von heute auf morgen, durch einen radikalen Bruch, aufs Spiel. Vielmehr läßt sich schon seit Jahrzehnten ein schleichender Niedergang, eine programmatische und personelle Auszehrung dieser Partei beobachten. In der CDU gab es immer eine große Fluktuation von Personen und Programmen. Die zunehmende Hektik im Bemühen um ständige „Modernisierung" führt jedoch zu Diskontinuitäten und Identitätsverlusten, die der Partei arg zusetzen. Es kommen keine Wechselwähler, denen man hinterherläuft, und es gehen die christlichen Stammwähler, die ihre politische Heimat verloren haben.

In diesen Monaten der Wahlkämpfe zeichnet sich ein für die Partei gefährliches Abwandern und Austreten ab. „Wohin soll ich mich wenden?" fragen sich mit dem alten Kirchenlied vor allem die enttäuschten Mitglieder und Stammwähler. Dies sind vor allem die bisher treuen Träger der Parteitradition, also die Konservativen, die kirchlich gebundenen Christen und die ordo-liberalen Anhänger der Sozialen Marktwirtschaft. Ist die Bundesrepublik, die in diesem Jahr ihr 60. Lebensjahr erreicht, schon so altersschwach und geschichtsvergessen, das ihre staatstragende Partei *par excellence,* die CDU, allmählich abdankt? Diese Partei ist zwar inzwischen, trotz massiven Mitgliederschwunds, größer als die SPD geworden, die noch größere Identitätsprobleme als die CDU zu haben scheint. Aber ihr Charakter als die große christliche Volkspartei ist dahin – und schwindet in dem Maße, als sie im Identifikationsmerkmal des Christlichen keine Eindeutigkeit mehr findet und in einer zunehmend säkularen und laizistischen Gesellschaft vielleicht auch nicht mehr finden kann.

„Die Partei ist nicht mehr die, in die ich vor 37 Jahren eingetreten bin", sagte anläßlich seines Austritts aus der CDU
der frühere sachsen-anhaltinische Ministerpräsident Werner
Münch der „Magdeburger Volksstimme". Die eigentlichen
Gründe für die Kündigung seiner Parteimitgliedschaft brachte
er in einem Brief an den Vorsitzenden des CDU-Kreisverban-
des Freiburg zur Sprache. Es sind respektable Gründe eines
Enttäuschten, die man gut verstehen kann. Besonders wenn
man seit vielen Jahren als Katholik Mitglied oder wenigstens
sympathisierender Wähler dieser Partei ist.

Auf die von Münch und vielen anderen genannten Gründe
näher einzugehen würde sich lohnen, besonders für die
Partei selber. Sie liegen vor allem (1.) in der mangelhaften
Wirtschafts(ordnungs)politik, (2.) in einer populistisch-macht-
bezogenen Personalpolitik und (3.) in der Vernachlässigung des
Lebensschutzes. „Das Faß zum Überlaufen gebracht" hat für
Münch (4.) „die Art und Weise, wie die Parteivorsitzende das
Oberhaupt unserer katholischen Kirche, den deutschen Papst
Benedikt XVI., öffentlich diskreditiert und gedemütigt hat,
obwohl es dafür keine Veranlassung gab". Mit diesem letztge-
nannten Austrittsgrund – oder war es nur der Anlaß? – kritisiert Münch zu Recht die völlig deplazierte und opportunistische Intervention der Bundeskanzlerin und Parteivorsitzenden
Merkel in den innerkirchlichen Vorgang der Aufhebung einer
Exkommunikation. Auf diesen paradigmatischen Fall einer
Grenzüberschreitung im Verhältnis Kirche-Partei-Staat wird
man sich noch näher einlassen müssen, auch wenn Frau Merkel glauben sollte, dieses Problem mit einem Telefonat wegwi-
schen zu können.

Als Parteivorsitzende, die ihr Bundeskanzleramt liebt, kann
sie kein Interesse daran haben, daß sich immer mehr bewußt
christliche, vor allem katholische Stammwähler von ihr abwenden. Und zwar hauptsächlich wegen der Gründe, die Werner
Münch unter die Punkte drei und vier zusammengefaßt hat.

Die Gretchenfrage lautet also: CDU – wie hältst du's mit dem „C", mit der Religion, mit dem Christentum, mit seiner Moral, mit seinem Recht, mit seiner Kirche? Die C-Frage hatte vor einigen Jahren bereits Joachim Kardinal Meisner öffentlich gestellt. Damit hatte er freilich an ein innerparteiliches Tabu gerührt. Soll die CDU das „hohe C" aus ihrem Namen tilgen und es etwa durch ein „K" (für „konservativ") ersetzen? Der Verzicht auf das eingetragene, langjährig eingeführte Markenzeichen hätte gewiß keinen werbewirksamen Nutzen. Die CDU müßte sich neu erfinden. Andererseits könnte ein wieder stärker akzentuiertes, inhaltlich aufgefülltes und glaubwürdiges „C" zu einer programmatischen Selbstverpflichtung führen, die den allzeit bereiten „Fundamentalismus"-Verdacht wachruft. Hier zeigt sich das Hauptdilemma der CDU. Wie sich die Partei aus dieser Zwickmühle befreien könnte, ist eine elementare politisch-theologische Frage. Ein Problem, das nicht allein im engen Horizont einer machtbewußten Partei eine Lösung finden kann. Vielmehr ist die CDU in religiösen und moralischen Fragen nach wie vor auf eine theologische Kompetenz angewiesen, die ihr in den christlichen Kirchen zuwächst. Umgekehrt brauchen die Kirchen parteipolitische Gesprächspartner, um ihren öffentlichen Anspruch zur Geltung zu bringen. Wird diese dialogische Kooperation, die sich geschichtlich bewährt hat, unterbrochen, kann es passieren, daß die Partei zu einer säkularen Ersatzkirche mutiert – und die Kirche zu einem religiösen Parteiersatz. Leider sind die von Münch erwähnten Gründe vor allem auf eine Person bezogen. Nämlich auf die Person der Parteivorsitzenden und Bundeskanzlerin Angela Merkel. Und die ist bekanntlich und bekennend evangelisch. Sogar protestantische Pastorentochter aus dem Osten Deutschlands. So kann sich jede katholisch motivierte Kritik an Frau Merkel leicht den Vorwurf zuziehen, gegen die Ökumene, gegen „die Frauen" und auch noch gegen die östlichen Bundesländer gerichtet zu sein. Ich ziehe es deshalb vor, mich vorrangig mit einer Partei auseinanderzusetzen, nicht mit Personen. Wenngleich es eben immer Personen sind, die eine Partei und sogar ihr Programm repräsentieren.

Mein erkenntnisleitendes Interesse speist sich aus der Kontinuität Katholischer Soziallehre. Sie bietet moralische und sozialethische Orientierungen zur Stabilisierung der Demokratie, zur Sinnerfüllung der Marktwirtschaft und zur Regelung von Gerechtigkeitsfragen, die weit über soziale und nationale Fragen hinausgehen. Dreimal darf man raten, in welcher Partei ich seit dem 22. Januar 1966 immer noch und stillschweigend Mitglied bin. Kleriker im Dominikanerorden sind zur parteipolitischen Zurückhaltung verpflichtet. Der CDU und anderen Parteien und Kandidaten, die sich für das Christentum starkmachen, wünsche ich alles erdenklich Gute. Und auch Erfolg bei den nächsten Wahlen. Auf meine Mitwirkung bei Wahlkämpfen möge man allerdings verzichten. Ich habe keine Ressentiments der CDU gegenüber, der wir in Deutschland so vieles zu verdanken haben. Wie sollte ich? Die rheinische CDU ist immerhin im Dominikanerkloster Walberberg, dem ich lange angehörte, gegründet worden. Und die ersten Programme dieser Partei wurden von Pater Eberhard Welty OP stark inspiriert.

Wenn sich die Partei inzwischen bis zur Unkenntlichkeit verändert haben sollte, nach dem Münch'schen Motto: „Die Partei ist nicht mehr die, in die ich vor 37 Jahren eingetreten bin", so lohnt es sich dennoch, einige Fragen mit ihr zu erörtern. Sie sollen die CDU nicht verabschieden, sondern zur Diskussion ihrer Wählbarkeit anregen. Freilich sind hysterische Situationen und populistische Wahlkampfzeiten nicht gerade günstig für einen Dialog, also für die vernünftige Suche nach einem gemeinsamen Sinnbestand. Die folgenden Überlegungen eignen sich nicht als Wahlkampfmunition, sie gehen weit über aktuelle Stürme hinaus – und weit zurück in ruhigeres Fahrwasser. Personalpolitische Interessen, wie sie mein verehrter Mitbruder Pater Heinrich Basilius Streithofen OP so gerne und auch erfolgreich verfochten hat, sind mir eher fremd. So teile ich auch nicht die aufgeregte Meinung von Hubert Windisch, dem Freiburger Pastoraltheologen. Für ihn hat sich Frau Merkel am 3. Februar 2009 „als Anti-Papst-Kanzlerin erwiesen. Für deutsche Katholiken ist sie nicht mehr wählbar.“

So schnell sollten die Preußen nicht schießen. Und Kollege Windisch kann nicht ex cathedra eines Freiburger Lehrstuhls für die deutschen Katholiken sprechen. Jedenfalls nicht für mich. Und Frau Merkel ist nicht identisch mit der CDU. Freilich ist für Christen das Wahlrecht eine Wahlpflicht, die sehr gewissenhaft wahrgenommen werden will. Vielleicht auch durch bewußte Wahlenthaltung? Welcher Partei oder Person die christlichen Wähler ihre Stimme geben oder verweigern, hängt schließlich von Maßstäben ab, über die man öffentlich sprechen muß.

Sind es Personen oder Programme, konkrete Aktionen oder moralische Ansprüche, die einer Partei ein unverwechselbar christliches Profil verleihen? Wie stellt sich das „C“ im programmatischen Selbstverständnis der CDU dar? Welche Wert- und Rechtskriterien sind für Christen in der Politik unverzichtbar? Wie läßt sich das Verhältnis der Kirche zur „Christlichen Demokratie“ in Geschichte und Gegenwart bestimmen? Kann sich heute noch eine Volkspartei „christlich“ definieren? Wer entscheidet, wer ist kompetent und legitimiert, das Christliche in der Politik verbindlich zu bestimmen? Und: Wie „christlich“ kann überhaupt eine politische Partei sein, die auf Mehrheiten, Koalitionen und Kompromisse setzen muß, um die Macht im Staat zu behaupten?

Das sind mehr Fragen, als man beantworten kann. Aber man wird ja noch fragen dürfen.

ZWISCHEN TRADITION UND ZUKUNFT

Von der Welt des Politischen kann sich die Kirche nicht distanzieren. Sie lebt geschichtlich mitten in einer politisch geformten Welt. Der gegenüber hat sie einen Verkündigungsauftrag wahrzunehmen. Politische Begegnungen der unangenehmen Art ergaben sich für die Kirche zwangsläufig schon aus der Zeitgenossenschaft mit einem Jahrhundert, das totalitäre Ideologien zur politischen Macht brachte. Nicht selten haben diese Ideologien den Wahrheits- und Freiheitsanpruch der Kirche unterdrückt und damit den „politischen" Widerspruch der Kirche provoziert. Hierin zeigt sich eine gewisse Unentrinnbarkeit des Politischen, dem Diktum Schillers gemäß: „Es kann der Frömmste nicht im Frieden bleiben, wenn es dem bösen Nachbar nicht gefällt."

Erfahrungen mit totalitären Ideologien

Kennzeichnend für die Neuzeit ist nicht die geradlinige Entwicklung zur freiheitlichen Demokratie. Vielmehr haben die neuzeitlichen Säkularisierungsprozesse eben auch absolutistische, diktatorische und totalitäre Ideologien und entsprechende politische Systeme hervorgebracht, unter denen namentlich die Kirche zu leiden hatte. Vor allem haben nationalistische, kommunistische, faschistische und nationalsozialistische Ideologien über Europa und die übrige Welt viel Elend gebracht. Nicht wenige aktive Christen und konsequente Katholiken sind Opfer dieser politischen Entwicklung geworden und haben als Märtyrer ihre Glaubenstreue mit dem Tode bezahlt: Nikolaus Gross, Rupert Mayer – wie viele, die sich „unpolitisch" nur für das Reich Gottes eingesetzt haben.

Bei allem, was man ihr kritisch nachsagen kann: Die Kirche war schon gegen den Nationalismus, als dieser noch nicht den Gipfel des europäischen Zeitgeistes im 19. Jahrhundert erklommen hatte. Die Kirche hat auch schon vor dem Sozialismus gewarnt, als er noch in den Kinderschuhen steckte, bevor er zu einer realen Größe heranwuchs. Am Untergang des Realsozialismus, der „Schande unserer Zeit" (Joseph Ratzinger), waren die Kirche und der „polnische" Papst nicht unwesentlich beteiligt. Schon wegen ihres (öffentlichen) Verkündigungsauftrages und aus Gründen ihrer Selbstentfaltung *(libertas ecclesiae)* mußte sich die Kirche gegen ihre systematische Verfolgung zur Wehr setzen, sich mithin auch gegen politische Strukturen stellen, die die Religionsfreiheit und die übrigen Menschenrechte unterdrückten.

In den Texten der Katholischen Soziallehre finden sich zahlreiche Stellen, die sich kritisch mit den genannten Ideologien und Utopien auseinandersetzen. Der Nationalismus gilt als eine Entartung des Patriotismus; dieser ist als Vaterlandsliebe eine christliche Tugend, jener sieht mit Abneigung und Verachtung auf andere Völker und Nationen herab und gilt deshalb als „Sünde". Mit moralischen Kategorien verbinden sich solche des Glaubens, die als Kriterien der Ideologie- und Politikkritik herangezogen werden: Die Maßnahmen atheistischer Regime, die den Glauben in ihren Ländern abwürgen wollen, müssen natürlich auch aus Gründen des Glaubens abgelehnt werden.

Hierbei hatte die Katholische Soziallehre vor allem den Marxismus im Blick, dessen Unvereinbarkeit mit dem christlichen Glauben evident war. Mit ihrer antimarxistischen

Sozialismuskritik stellte die Kirche keine eigene politische Doktrin auf, sondern bekräftigte nur, was aus der evangelischen Lehre klar abzuleiten war. Es gab auch kaum einen unversöhnlicheren Widerspruch zum christlichen Glauben als jenes System, das auf der Beseitigung dieses Glaubens ausgerichtet war und im Materialismus gründete. Auch stand der gewaltbetonte Klassenkampf im Gegensatz zum christlichen Liebesgebot. Überdies stand auch der eklatante Mangel an (Gewissens-)Freiheit, Menschenwürde und Menschenrechte im scharfen Kontrast zur christlichen Lehre.

Des weiteren wandte sich die Kirche auch gegen die Rassenideologie des Nationalsozialismus. Wer alle Menschen gleichermaßen als Geschöpfe und Kinder Gottes weiß, kann nicht einem Denken in Kategorien der Rasse verhaftet sein – oder die Rede von Über- und Untermenschen akzeptieren.

Der hier spürbar werdende kirchliche Widerstand gegen jede Form ideologisch-diktatorischer und totalitärer Politik läßt sich vom Glauben inspirieren und orientiert sich an der Moral. Und er ist – im Ganzen gesehen – nicht ohne politische Erfolge geblieben. Kritische Vorbehalte und Widerstände dieser Art sind – aus politischem Blickwinkel betrachtet – natürlich auch „Politik". Aus kirchlicher Perspektive sind sie jedoch Akte christlicher Pflichterfüllung und ziviler Notwehr, und zwar im Sinne der kritischen Abgrenzung von einer bestimmten Politik. In diesem Sinne ist die Kirche in der neuzeitlichen Geschichte deutlich hervorgetreten, und sei es auch „nur" in Form theologischer Ideologiekritik und Verkündigung, die unter bestimmten politischen Umständen jedoch lebensgefährlich sein konnte.

Andererseits grenzte sich die Katholische Soziallehre eindeutig und vehement von politisch-theologischen Vorstellungen ab, welche durch politische Umdeutung theologischer Begriffe wie „Heil" und „Reich Gottes" zu einer

„positiven" Politikbestätigung gelangen und damit der Kirche eine „politische Sendung" unterstellen. Die kirchliche Soziallehre weiß sich dem traditionellen Verantwortungsrealismus des Christentums verpflichtet, dem es immer als Ding der Unmöglichkeit, ja als ein Frevel galt, das Reich Gottes zu säkularisieren, um den „Himmel auf Erden" politisch zu konstruieren. Anmaßende Bestrebungen dieser Art hat es in der Geschichte immer wieder gegeben, und auch in der politischen „Theologie der Befreiung" gab es Anklänge dazu. Der marxistische Realsozialismus freilich stellte den bisher umfassendsten atheistischen Versuch dar, ein „Arbeiter- und Bauernparadies" hervorzubringen. In diesem säkularisierten „Reich Gottes" sollte der Mensch als Gattungswesen die Stelle Gottes einnehmen. Hierin erwies sich der Charakter des Marxismus als Religionsersatz, was manche Christen freilich nicht daran hinderte, ihren eigenen Ersatz beerben zu wollen.

Katholizismus versus Sozialismus

Sozialismuskritik war im Zeitalter der Ost-West-Entspannung sogar in manchen Kirchenkreisen eher verpönt. Erst nach dem internationalen Kollaps des „Realsozialismus" wurde diese Vergangenheit „bewältigt" und „Trauerarbeit" geleistet, wenn auch nur halbherzig. Als unbußfertig zeigen sich jene „Linke", die nicht aus eigener Erfahrung klug werden können, weil sie Nutznießer des verflossenen Regimes waren. Oder weil sie halsstarrig an einer angeblich guten Idee festhalten, die durch eine auch noch so miserable Praxis nicht widerlegt werden könnte.

Nicht der Sozialismus als solcher habe versagt, hört man neuerdings, sondern seine bisherigen geschichtlichen Erscheinungsformen und die widrigen konkreten Umstände, die ihn begleiteten. Oder die korrupten Persönlichkeiten, die ihn repräsentierten, müssen als Sündenböcke herhalten. Der marxistische Sozialismus ist keineswegs völlig und für immer erledigt, sondern startet bereits hier und da neuerliche Versuche der Wiederbelebung im Gewand der Demokratie. Er übt also immer noch eine gewisse Faszination aus; weniger auf die enttäuschte und ernüchterte Arbeitnehmerschaft, aber auf einige Intellektuelle, für die er nach wie vor wie Opium wirkt.

Gegenüber den sich im 19. Jahrhundert herausbildenden sozialistischen Strömungen haben sich die deutschen Katholiken äußerst reserviert und überwiegend ablehnend verhalten. Sie haben sich schon sehr früh, bereits mit den ersten Regungen und Bewegungen des von Frankreich und England auf Deutschland übergreifenden „utopischen" Frühsozialismus als resistent und immun erwiesen. Erst recht gilt das gegenüber dem sich wissenschaftlich gebärdenden und politisch formierenden Sozialismus, der seit den 60er Jahren des 19. Jahrhunderts international an Boden zu gewinnen begann und zu einer bedrohlichen Massenbewegung heranwuchs. Der Sozialismus mußte den Katholiken als Gefahr erscheinen, insofern er sich in seiner weltanschaulichen Grundlage, in seinem Menschen-, Gesellschafts- und Geschichtsbild als antichristlich und gegenkirchlich verstand.

Noch vor jeder Auseinandersetzung mit einzelnen politischen und ökonomischen Theorien, deren wissenschaftliche Widerlegung nicht zum besonderen Kompetenzbereich der Kirche gehört, ging es den Katholiken primär um die Bewahrung und Bewährung ihres Glaubens und der sittlichen Prinzipien. Auf dieser geistig-moralischen Ebene trat namentlich der marxistisch geprägte Sozialismus in Konkurrenz, ja in scharfen Gegensatz zur katholischen Lehre, und die Kirche mußte auf dieser Ebene die erklärte Gegnerschaft annehmen.

Die Auseinandersetzung mit dem Sozialismus wurde in erster Linie also von kirchlich überlieferten christlichen Grundsätzen aus geführt, und zwar auf einer Wertebene, die vorschnelle Annäherungen, Kompromisse und Vereinnahmungen nicht zuließ. Angesichts des ideologisch festgelegten Gegners empfahl sich nicht die Haltung des optimistischen Pragmatismus, der erst aus negativen Erfahrungen klug wird. Und so ist es fast prophetisch zu nennen, mit welcher Weitsichtigkeit und Präzision die katholische Sozialismuskritik bereits im 19. Jahrhundert vor den notwendig eintretenden Realisierungsfolgen eines Sozialismus warnte, der erst im 20. Jahrhundert die Chance des praktischen Scheiterns bekam. Ein Sozialismus, dessen Wertfundamente prinzipiell als so falsch und brüchig erschienen, mußte einfach früher oder später verfallen, das war für gläubige Katholiken evident. Diese Evidenz wurzelte wohl auch im Erinnerungsvermögen einer erfahrungsreichen Kirche, die viele Weltverbesserungssysteme kommen und gehen sah und deshalb auch in der Lage war, geschichtliche Erfahrungen gewissermaßen vorwegzunehmen.

Es wäre allerdings verfehlt, die Katholiken lediglich in der Rolle eines (wenn auch notwendigen) Unheilspropheten wahrzunehmen, der bloß eine negative Reaktion zustande bringt und sich in apologetischer Abwehrhaltung versteift. Dieser Eindruck mag bei der Lektüre einschlägiger Texte gelegentlich entstehen, bei denen es sich um Äußerungen handelt, die nur den Sozialismus zum Thema haben und nicht die eigene Position zur Lösung der „sozialen Frage" in den Vordergrund stellen.

An alternativen Auffassungen zum Sozialismus mangelt es katholischerseits nicht. Denn die katholische Theologie hatte besonders mit Thomas von Aquin schon im Hochmittelalter positive Ansätze zu einer eigenen Soziallehre erarbeitet. Nicht zuletzt aufgrund der konstruktiven Erfahrungen und Erfolgen des sozialen und politischen Katholizismus in Deutschland konnte die Soziallehre im 19. Jahrhundert von Papst Leo XIII. (1810–1903) systematisch weiterentwickelt werden. So ist die erste Sozialenzyklika „Rerum novarum" (1891) nicht vorrangig ein Dokument der Anklage gegen die verwerflichen Zeitgeister des Liberalismus und des Sozialismus, sondern bietet Kriterien und Orientierungen zur Neuordnung einer Gesellschaft „jenseits" von Kapitalismus und Sozialismus. Diese Extreme existieren in der damals kritisierten Form heute nicht mehr oder nur noch abgeschwächt, so daß sich die Soziale Marktwirtschaft als „Dritter Weg" behaupten konnte. Und ohne Übertreibung läßt sich sagen, daß die deutschen Sozialkatholiken diesen Weg kräftig mitgebahnt haben.

Vielleicht mag die uns heute etwas übertrieben und schonungslos anmutende katholische Sozialismuskritik in ihrer öffentlichen Wirkung zur Entmythologisierung und weltanschaulichen Entzauberung des Sozialismus beigetragen haben. Jedenfalls war sie behilflich bei der Klärung der Fronten innerhalb und außerhalb dessen, was sich als „Sozialismus" ausgab. Dabei hat sie durchaus die innersozialistischen Differenzierungen und Wandlungen zu würdigen gewußt. Vor allem die zunehmende Entideologisierung des Sozialismus durch den „Revisionismus". Auch übte der sozialpolitische Reformpragmatismus der Gewerkschaftsbewegung einen mäßigenden Einfluß auf die sozialistische Ideologie aus und bremste ihren revolutionären Eifer. Die Arbeiter wollten mehrheitlich nicht erst auf die große Revolution warten oder vertröstet werden, um in den Genuß sozialer Reformen zu kommen.

Im Lauf der Zeit, seit den 20er Jahren des vorigen Jahrhunderts ergaben sich einige Anknüpfungspunkte und partielle Gemeinsamkeiten zwischen Katholizismus und Sozialismus, und zwar zunehmend in dem Maße, wie der Sozialismus sich seines weltanschaulichen und revolutionären Charakters entkleidete, wodurch dann auch eine praktisch-politische Zusammenarbeit möglich wurde. Von namhafter katholischer Seite wurde gelegentlich der erfolglose Versuch gemacht, den Sozialismusbegriff für eigene Zwecke zu übernehmen und mit katholisch-sozialen Inhalten zu füllen. Und am „linken" Rand der Kirche bahnte sich in jüngerer Zeit sogar der Versuch einer Annäherung an den Marxismus an: in der Politischen Theologie und in der Theologie der Befreiung. Diese Versuche sind jedoch allesamt am Lehramt der Kirche vorbeigelaufen – und mußten auch aus praktischen Gründen scheitern.

Die negativen Auswirkungen eines noch nicht sozial gebändigten Kapitalismus sind nicht erst von den Frühsozialisten oder von Karl Marx wahrgenommen und kritisiert worden. Bereits zu Beginn des 19. Jahrhunderts waren es katholische Intellektuelle wie Adam Müller, Franz von Baader und Joseph Görres, die die „Arbeiterfrage", die Entrechtung und Verelendung des Proletariats (als Klasse) scharfsinnig analysierten – und die den späteren sozialen und politischen Katholizismus auf eine kapitalismuskritische Linie lenkten. Auch der Frühsozialismus und die Lehre von Marx lassen sich als kritische Reaktionen auf den damals sich ausbreitenden Liberalkapitalismus deuten.

Christlicher Sozialismus?

Innerhalb des deutschen Katholizismus blieben die Kreise, die sich mit bestimmten Formen und Elementen des Sozialismus eingelassen oder versöhnt hatten, gering an Zahl und öffentlicher Bedeutung. Und wenn es hier und da zu Annäherungen oder gar Synthesen zwischen Katholizismus und Sozialismus kam, dann hing das vor allem damit zusammen, daß sich der Sozialismus ganz oder teilweise gewandelt hatte – oder sein Name als attraktives Etikett übernommen wurde. Die Bezeichnung „christlicher Sozialismus" diente katholischen Sozialethikern wie Franz Hitze, Heinrich Pesch SJ und Eberhard Welty OP nur zeitweise als begriffsstrategischer Versuch, die Katholische Soziallehre auch der kirchenentfremdeten Arbeiterschaft schmackhaft zu machen. Dieser Versuch erzeugte aber fast nur Mißverständnisse, geriet überdies in den Verdacht des Etikettenschwindels und konnte sich auf Dauer nicht bewähren.

Dauerhaft bleibend und in erstaunlicher Geschlossenheit, die erst in der Zeit nach dem Zweiten Weltkrieg an einigen Stellen aufbrach, ziehen sich durch die Geschichte des deutschen Katholizismus starke Abgrenzungen gegenüber einem Sozialismus marxistischer, erst recht leninistischer Prägung. Letzerer, als revolutionärer „Kommunismus" bezeichneter Sozialismus spielte in der Diskussion der 20er und 30er Jahre eine große Rolle und bildet ein eigenes Kapitel. Nach dem Zweiten Weltkrieg galt in Westdeutschland seine Gefahr als weitgehend gebannt, er war auch für die antikommunistischen Sozialdemokraten indiskutabel. Freilich war die Unterscheidung zwischen Sozialismus und Kommunismus bis zum Ersten Weltkrieg nicht nur für die Katholiken äußerst schwierig, oft wurden diese Begriffe synonym gebraucht – oder liefen auf dasselbe hinaus.

Bei dem gravierenden geschichtlichen Wandel, den sozialistische Ideen, Programme und Bewegungen durchgemacht haben, bei der unübersichtlichen Vielfalt der Begriffsprägungen und Definitionen, die jeweils unter demselben Namen verschiedene Ideen und Wirklichkeiten bezeichnen, hat es keinen Zweck, dem Sozialismus ein metaphysisches Wesen zuzusprechen und ihn auf eine gleichbleibende Wesensdefinition festzunageln. Die fehlende Trennschärfe des Sozialismusbegriffs führt allerdings zu nominalistischer Willkür, erleichtert polemische Abstempelungen, Verschleierungen und Irreführungen. Schließlich bedienten sich Stalin wie Hitler einer Worthülse, die sich mit extrem unterschiedlichen Inhalten füllen ließ – und damit eigentlich unbrauchbar wurde. Die katholischen Stellungnahmen zum Sozialismus haben ihn meist so genommen, wie er sich jeweils selber gab und definierte. Natürlich konnten dabei Mißverständnisse und Fehleinschätzungen nicht ausbleiben. Grobe und verzerrende Pauschalurteile sind relativ selten – und erklären sich oft aus mangelnder Information oder aus einer politisch aufgeheizten Konkurrenzsituation. Denn die Partei der Katholiken, das Zentrum, stand im politischen Wettbewerb mit der SPD. Ob die katholische Kritik ihren Gegenstand immer vollständig erfaßte und ihm in jeder Weise gerecht wurde, ist hier nicht zu untersuchen. Dies zu entscheiden setzt die objektive Rekonstruktion der jeweiligen sozialistischen Theorie und Praxis voraus.

Dabei ist zu berücksichtigen, wie weit sich gerade in der Sozialdemokratischen Partei die Ebenen von Theorie und Praxis voneinander entfernen konnten. Ob es einer bewußten Doppelstrategie oder einer glücklichen Inkonsequenz zuzuschreiben war, ist hier gleichgültig: Bis zu ihrem Godesberger Programm (1959) zeichnete sich die SPD durch eine mehr oder weniger radikale Theorie bei gleichzeitig relativ gemäßigter Praxis aus. In Parlament und Regierung wurde nie so heiß gegessen, wie es sich die Parteiideologen ausgekocht hatten. Die katholische Sozialismuskritik erhielt ihre Schärfe vor allem durch ihren überwiegenden Bezug auf die theoretischen und propagandistischen Ansprüche des Sozialismus, der freilich nie die politische Machtmöglichkeit hatte, die angestrebten Veränderungen auch praktisch durchzusetzen.

Während der nationalsozialistischen Terrorherrschaft litten die Vertreter der Sozialdemokratie und die des sozialen und politischen Katholizismus gemeinsam unter den Verfolgungsmaßnahmen und kamen sich auch in gemeinsamen Aktionen des Widerstandes näher. An einem Programm der Neuordnung für die Nachkriegszeit arbeiteten sowohl der Kölner Widerstandskreis der katholischen Arbeiterbewegung (unter Federführung des Dominikaners Eberhard Welty) als auch der Kreisauer Kreis, in dem sich der Jesuit Alfred Delp mit den sozialdemokratischen Mitgliedern über die Katholische Soziallehre zu verständigen suchte. Unmittelbar nach dem Krieg dienten die von Welty konzipierten Ordnungsentwürfe als programmatische Grundlage für die von ihm mitbegründete CDU. Davon soll später die Rede sein.

Katholiken und SPD

Anders stand es um den von Walter Dirks verfochtenen Begriff „Sozialismus aus christlicher Verantwortung", auch „personalistischer Sozialismus" genannt. Dieser war freilich weniger an der Katholischen Soziallehre orientiert und ließ eine größere Nähe zur sozialistischen Arbeiterbewegung erkennen. Ohne eine der beiden damals gängigen, aber mißverständlichen Wortverbindungen zu übernehmen, beteiligte sich auch Oswald von Nell-Breuning SJ an der Suche nach einer Verständigung zwischen kirchlicher Soziallehre und Sozialismus. Dies allerdings in kompromißloser Abgrenzung vom historischen Materialismus und den etatistischen Tendenzen der SPD. Die Diskussionen im Sozialkatholizismus spielten sich vor allem in den zwei Zeitschriften ab, in der „Neuen Ordnung", die damals von Welty redigiert wurde, und in den „Frankfurter Heften", herausgegeben von Eugen Kogon und Walter Dirks.

In der sowjetisch besetzten Zone geriet die SPD unter Otto Grotewohl in einen kommunistischen Sog und wurde

1946 mit der KPD zur SED zwangsvereinigt, während die in den westlichen Besatzungszonen von Kurt Schumacher reorganisierte SPD einen kräftigen antikommunistischen Akzent erhielt. Schumacher brachte des öfteren seine Wertschätzung für die christliche Religion zum Ausdruck. Unter ihm vollzog sich auch eine gewisse Öffnung zu den Kirchen. In fast allen Länderregierungen und in den Städten errang die SPD in den ersten Nachkriegsjahren starke Positionen. Mit den anderen Parteien wirkte sie am Grundgesetz der Bundesrepublik Deutschland mit. Bei der ersten Bundestagswahl erreichte sie aber kaum 30 Prozent und mußte bis 1966, als es zur großen Koalition mit der CDU/CSU kam, in der Opposition verharren. Zu dieser Bundestagswahl hatten die deutschen Bischöfe ein Hirtenwort veröffentlicht, das sich kritisch mit den sozialdemokratischen Positionen zu Elternrecht und Bekenntnisschule auseinandersetzte und die Wahl solcher Abgeordneten empfahl, die sich für das Naturrecht und die christlichen Grundsätze einsetzen.

Für die SPD blieb zunächst das Heidelberger Programm von 1925 in Geltung. Auch die wirtschaftsdemokratischen Vorstellungen aus der Weimarer Zeit kamen wieder zum Zuge, in denen immer noch klassenkämpferische und prinzipiell eigentumsfeindliche Züge zum Ausdruck kamen. Die Vergesellschaftung der Produktionsmittel sollte durch ein Netz von Mitbestimmungsregelungen in Ergänzung zum Parlament und durch öffentliche („gemeinwirtschaftliche") Unternehmungen verwirklicht werden. Dieses Modell der Mitbestimmung und der antimonopolistischen Unternehmenspolitik sollte abgerundet werden durch volkswirtschaftliche Gesamtrechnungen und eine gesamtgesellschaftliche Planung. Damit war der Weg zu einer partiellen Zusammenarbeit (zumindest in der Mitbestimmungsfrage) mit der katholischen Arbeiterbewegung geebnet. Diese fand aber vor allem in den Sozialausschüssen der CDU eine politische Heimat.

Mit ihrem Godesberger Programm (1959) befreite sich die Sozialdemokratie von nahezu allen marxistischen Restbeständen. Sie wandte sich der Marktwirtschaft zu, anerkannte die gesellschaftliche Bedeutung der Religion und wandelte sich von einer „Arbeiterpartei" zu einer „Volkspartei", die sich gerade auch den Katholiken öffnen wollte. Diese weitere Annäherung an den Katholizismus kann vielleicht auch als das Ergebnis eines diskreten Dialogs angesehen werden, den Eberhard Welty und Oswald von Nell-Breuning im Vorfeld der Programmdiskussion mit der SPD führten. Zu einem ersten *öffentlichen* Treffen zwischen katholischen Sozialethikern (z. B. Gustav Gundlach) und führenden Vertretern der SPD kam es 1958 bei einer Tagung der Katholischen Akademie in Bayern.

Bei aller Anerkennung der erreichten Fortschritte machte die überwiegende Mehrheit der Katholiken jedoch noch erhebliche Vorbehalte gegenüber dem Godesberger Reformprogramm geltend. In diesem Sinne äußerte sich Gustav E. Kafka, Leiter des Referats für staatsbürgerliche Angelegenheiten im Zentralkomitee der deutschen Katholiken. In seiner vom Zentralkomitee herausgegebenen Analyse sieht er im Grundsatzprogramm die Ideen eines „naturalistischen Demokratismus" walten. Die Defizite des Programms werden vor allem in der Begründung, dem Inhalt und der Geltung der Grundwerte sichtbar gemacht. Auch der in Münster lehrende katholische Sozialethiker Joseph Höffner, der spätere Kardinal und Erzbischof von Köln, machte bleibende Differenzen zur Katholischen Sozial- und Morallehre aus. Solche Vorbehalte lassen sich inzwischen auch der CDU gegenüber formulieren.

In den 1949 gegründeten DGB-Einheitsgewerkschaften gingen die katholisch geprägten Christlichen Gewerkschaftler mit der sozialistischen Gewerkschaftsbewegung ein mehr oder weniger spannungsgeladenes Bündnis ein. Die später wiedergegründeten Christlichen Gewerkschaften konnten freilich nicht mehr an die frühere Bedeutung anknüpfen. Um die sozialdemokratisch dominierten DGB-Einheitsgewerkschaften kam es immer wieder zum Streit wegen der Parteinahme für die SPD und dem mangelnden Minderheitenschutz für die Christlich-Sozialen im DGB. Zu diesem Dauerthema äußerte sich 1975 ziemlich kritisch auch das Synodenpapier „Kirche und Arbeiterschaft", ein Beschluß der Gemeinsamen Synode der Bistümer in der Bundesrepublik Deutschland, an dem vor allem Oswald von Nell-Breuning mitgewirkt hatte. Das Synodenpapier setzte sich überdies für eine differenziertere Behandlung von Marxismus und Arbeiterbewegung ein.

Der 1933 gewaltsam beendete politische Zentrumskatholizismus wurde nach 1945 nicht mehr wiederbelebt, sondern ging in der CDU/CSU auf, die interkonfessionell angelegt war und sich auch liberalen und konservativen Kräften öffnete. Hingegen konnten sich die Sozialverbände, also die Katholische Arbeitnehmerbewegung, die Kolpingverbände, der Katholische Kaufmännische Verein und der Bund Katholischer Unternehmer neu organisieren. Dieser Sozialkatholizismus hatte auf die programmatische Entwicklung der christlich-demokratischen Parteien anfangs einen erheblichen Einfluß und wirkte intensiv am Ausbau des Sozialstaates mit. Ende der 60er Jahre ließ die öffentliche und politische Bedeutung der Katholiken spürbar nach, was nicht nur auf die sozialdemokratische Regierungsübernahme zurückzuführen war. Der schwindende Einfluß hing auch mit inneren und äußeren Krisenentwicklungen zusammen, denen der nachkonziliare Katholizismus insgesamt ausgesetzt war. Nell-Breuning bemerkte damals, die katholische Sozialbewegung sei „eines sanften Todes entschlafen".

Die inzwischen weitgehend erreichte Lösung der alten sozialen Frage innerhalb eines Sozialstaates, der die Finanzierungsgrenzen seines weiteren Ausbaus erreicht hatte, führte zum Stillstand der Arbeiterbewegung und zur Neuprogrammierung der früheren Arbeiterpartei SPD. Auch weite Teile des Sozialkatholizismus verloren ihren Bewegungscharakter, zumal es ihnen kaum gelang, die in dem päpstlichen Schreiben „Octogesima adveniens" (1971) angesprochenen *neuen* sozialen Probleme rechtzeitig aufzugreifen und eigenständig anzugehen.

Der 1968er Aufbruch der Studentenbewegung, der sich mit einem vagen neomarxistischen Emanzipationsprogramm gegen die „etablierten" Parteien und „verkrusteten Machtstrukturen" richtete, machte sich auch in den katholischen Jugendverbänden bemerkbar. Auf dem Katholikentag in Essen (1968) ging Wilfried Schreiber, Ordinarius für Sozialpolitik an der Universität zu Köln und wissenschaftlicher Berater des Bundes Katholischer Unternehmer, auf das revolutionäre Pathos der Jugendrevolte ein. Er bemängelt eine revolutionäre Gesellschaftskritik, die sich durch ökonomische Ignoranz auszeichne.

In diesem gesellschaftskritischen Protestklima gedieh auch vorübergehend die „Neue Politische Theologie", die katholischerseits von Johann Baptist Metz bereits Mitte der 60er Jahre als Ergebnis eines Dialogs mit Alt- und Neomarxisten (besonders mit Ernst Bloch und der „Frankfurter Schule") entwickelt wurde. Metz entwarf eine politische Eschatologie als „freie Antizipation einer größeren heiligen Zukunft", in der die Unterschiede zwischen Heils- und Weltgeschichte verschwammen. Der Einfluß dieses erneuerten Versuchs einer Synthese zwischen Christentum und (Neo-)Marxismus, wie er seit den 70er Jahren vor allem in der lateinamerikanischen Befreiungstheologie sichtbar wurde, beschränkte sich freilich auf einige Theologenzirkel, Dritte-Welt-Gruppen und Vereinigungen wie dem „Bensberger Kreis", sorgte aber für innerkirchliche Aufregung und heftige Diskussionen. Von dieser Entwicklung „betroffen" waren vor allem die linksintellektuellen Randbezirke der Kirche, nicht die breite Mehrheit der Katholiken. Neomarxistische Einflüsse machten sich vor allem in der SPD bemerkbar, die von ihrem linken Flügel her eine gewisse Reideologisierung erfuhr, was auch noch an ihrem Berliner Programm (1989) ablesbar ist.

Im übrigen lockerte sich der Katholizismus immer mehr pluralistisch auf und verlor zunehmend seine frühere weltanschauliche und organisatorische Geschlossenheit, womit er freilich auch seine politische Wirksamkeit weitgehend einbüßte. Als Bewegung wurde er seit den 70er Jahren von den neuen sozialen Bewegungen überholt, vor allem von der Ökologie-, der Friedens- und der Frauenbewegung. Diese gaben – wenigstens in den Medien – immer mehr den Ton an und schrieben damit auch den Katholiken die Themen vor. Auch die SPD wurde von diesen Bewegungen überrascht und versuchte nachträglich, sie mehr oder weniger in die Partei zu integrieren. Für den Katholizismus bot die in der Mitte der 70er Jahre einsetzende „Grundwerte-Diskussion" eine gute Gelegenheit, den für den Pluralismus notwendigen Grundwertekonsens zu festigen und den Wertgehalt der Grundrechte zu betonen. An dieser Diskussion beteiligte sich katholischerseits wortführend namentlich der Augsburger Pastoraltheologe Karl Forster, der früher Sekretär der Deutschen Bischofskonferenz gewesen war. Doch scheinen für den Katholizismus die öffentlichen Darstellungs- und politischen Einflußmöglichkeiten gerade in Fragen, die für die Kirche besonders wichtig sind, inzwischen immer geringer zu werden, wie die Diskussion um den Lebensschutz der Ungeborenen zeigt.

Wie der Sozialismus, so änderte sich auch das kritische Argument, das sich auf ihn bezog. Trotzdem bleiben gewisse Konstanten in der katholischen Sozialismuskritik wie im sozialistischen Selbstverständnis umrißhaft sichtbar. Denn es gibt doch so etwas wie eine nachwirkende Tradition, ein geschichtlich gewachsenes Schwer- und Eigengewicht von Begriffen, Denkschulen und Verhaltensweisen, die sich nicht einfach in ihr Gegenteil verkehren lassen. Insofern sind der Beliebigkeit und geschichtlichen Wandelbarkeit Grenzen gesetzt. Der Sozialismus ist älter als Marx und nicht notwendig an ihn gebunden. Andererseits läßt sich nicht alles, was für soziale Gerechtigkeit, Freiheit und Solidarität eintritt, als sozialistisch oder sozialdemokratisch apostrophieren.

Es kommt wohl auf die Entfaltung der Inhalte dieser und weiterer Wertbegriffe an, auf ihre Begründung und Verbindlichkeit, auf ihre Einordnung im Wertesystem und damit nicht zuletzt auf ihren weltanschaulich-religiösen Stellenwert. Diese Fragen begleiten auch den „demokratischen Sozialismus" der Gegenwart, der nicht erst seit 1959 erhebliche Abstriche von der reinen Lehre des Marxismus gemacht hat und damit zunehmend auch für Katholiken attraktiv wurde.

Was aber bleibt vom „geschichtlichen Wesen" des Sozialismus in seiner sozialdemokratischen Identität? Und was bleibt dem Katholizismus zur Kritik übrig? Nicht viel mehr als ein tiefverwurzeltes Mißtrauen gegenüber dem Privateigentum an Produktionsmitteln und der persönlichen Initiative und Verantwortung in der Wirtschaftsgesellschaft – verbunden mit einem großen Vertrauensvorschuß für zentrale politische Planung und Kontrolle der Wirtschaft. Ferner eine Verkennung des Subsidiaritätsprinzips mit seiner individuellen Selbstverantwortlichkeit. Auch ein gewisser Hang, Gerechtigkeit mit konkreter Gleichheit zu verwechseln und Freiheit mit Emanzipation gleichzusetzen.

Stoff zu kontroversen Diskussionen bietet im Zusammenhang mit der unabgeschlossenen Grundwertediskussion der 70er Jahre nach wie vor auch noch die Frage der naturrechtlichen Begründung, der staatlichen Respektierung und Sanktionierung von Grundwerten und -rechten, vor allem hinsichtlich des Lebensschutzes Ungeborener. Auch bleibt die „Demokratisierung" aller gesellschaftlichen Lebensbereiche noch ein Zankapfel zwischen Katholizismus und Sozialismus. Aber als unversöhnliche Feinde stehen sich beide heute nicht mehr gegenüber. Und man gewinnt den Eindruck, daß sich in diesen Fragen die CDU der SPD so weit angenähert hat, daß man inzwischen fast von einer Äquidistanz der Kirche zu diesen Parteien sprechen kann.

Zur christlich-sozialen Bewegung

Greifen wir nochmals etwas tiefer in die Geschichte zurück, um den sozialen und politischen Beitrag der Christen zu würdigen, stellen wir nüchtern und ohne katholischen Triumphalismus fest, daß es vor allem der soziale und politische Katholizismus war, der seit 1848 in Form von Vereinen, Verbänden und Parteien in Deutschland wirksam war. Der christliche Beitrag zur Lösung der sozialen Frage des 19. Jahrhunderts, die eine „Arbeiterfrage" war, läßt sich nicht in einer bloß quantitativen Geschichtsbetrachtung erfassen. Denn es gibt Wirkkräfte und Ideen, die sich nicht in numerischer Stärke und organisatorischer Macht darstellen, aber trotzdem „Geschichte machen". Wenn man die Frage nach der Geschichtsmächtigkeit der christlich-sozialen Bewegung aufwirft, ist es nicht damit getan, sich auf das relativ späte Hervortreten dieser Bewegung und den mühsamen Aufbau ihrer Organisation zu konzentrieren. Von Interesse ist vor allem die sozialpolitische und -reformerische Bedeutung dieser Bewegung, aber auch ihre „kirchenpolitische" Wirksamkeit für die interkonfessionelle Zusammenarbeit in Deutschland.

Auf die soziale Frage gab es sowohl systemüberwindende als auch systemverbessernde, auf Reformen abzielende Antworten. Die Aufhebung des proletarischen Massenelends geschah auf dem Reformwege: durch staatliche Sozialpolitik und durch Selbsthilfe der betroffenen Arbeiter, die sich in Gewerkschaften organisierten. Damit war es möglich geworden, dem Kapitalismus die Giftzähne zu ziehen, ihn sozial zu bändigen. Den Christlich-Sozialen ging es nicht um die Abschaffung der überaus produktiven, auf Privateigentum und Eigeninitiative beruhenden Marktwirtschaft, sondern um die gerechte Teilhabe an den Segnungen dieser Wirtschaftsordnung.

Diese Bewegung brachte eine sozialpolitische und -reformerische Programmatik hervor, die offen war für neue Entwicklungen und Einsichten und sich pragmatisch an christlichen Prinzipien orientierte, welche einen „dritten Weg" zwischen den Extremen des Kapitalismus und des Sozialismus wiesen, den wir heute „soziale Marktwirtschaft" nennen.

Auf diesem „dritten Weg" hat sich die Lösung der sozialen Frage als „Arbeiterfrage" vollzogen. Nicht die marxistische Revolution, sondern die sozialpolitische Reform hat die sozialen Probleme der Industriestaaten weitgehend gelöst. Der Sozialismus hat überall abgewirtschaftet, und die sozialen Fragen, die das marxistische Regime hervorgebracht hat, müssen heute durch Marktwirtschaft bereinigt werden, am besten durch eine soziale Marktwirtschaft. Diesen Lernprozeß haben vor allem die Sozialdemokraten und die ihnen nahestehenden Gewerkschaften durchmachen müssen.

Die Stärke der christlich-sozialen Bewegung, einschließlich ihrer Gewerkschaften, lag nie darin, riesige Menschenmassen mobilisieren und dadurch politischen Druck ausüben zu können. Geschichtsmächtig sind sie auf andere Weise geworden, lautlos und ohne revolutionäres Pathos. Und zwar

als Träger und Multiplikator jener gesellschafts- und sozialpolitischen Ideen, die später in der sozialen Marktwirtschaft
und in der Sozialpartnerschaft (statt Klassenkampf) wirksam wurden. Von Bedeutung waren und sind sie auch für
die Kirchen, denen sie einen unentbehrlichen Praxisbezug
zur Arbeitswelt vermitteln und einen Zugang zur Arbeitnehmerschaft erschließen. Die selbständige Organisation
christlicher Standes- und Berufsgruppen ist überdies als
eine Art „Emanzipationsbewegung" der Laien in der Kirche anzusehen, die sich nicht integralistisch einbinden und
bervormunden ließen.

Nicht zu übersehen ist vor allem die ökumenisch-politi-
sche Bedeutung der christlichen Gewerkschaften, die ein
weites soziales Feld interkonfessioneller Zusammenarbeit
boten. In diesem Sinne waren sie auch Vorläufer und Weg-
bereiter der christlichen Parteien, in denen das geschichtliche Erbe der christlichen Gewerkschaftsbewegung wohl am
deutlichsten zum Ausdruck kommt. In Adam Stegerwald
fand diese Bewegung in den 20er Jahren einen Exponenten,
der wohl als erster die Idee einer konfessionsübergreifen-
den C-Partei formulierte.

Wenn auch die geschichtliche Entwicklung christlich-sozialen Verbänden recht gegeben hat, so gibt es doch noch
einige uneingelöste Forderungen, die heute wieder auf die
Tagesordnung gehören. Dazu gehört vor allem das leidige
Verhältnis zwischen Kapital und Arbeit, das zwar mittlerweile weitgehend entkrampft ist. Aber es müßte doch im
Lauf der Zeit noch möglich sein, aus Arbeitnehmern auch
Kapitaleigner zu machen, die an dem Werk, in dem sie ar-
beiten, auch beteiligt sind – und dadurch auch befähigt werden, als verantwortliche Subjekte mitzubestimmen.

Zu Tode gesiegt?

Fatal wäre es, sich auf den Lorbeeren der Tradition auszuruhen. Alte soziale Fragen sind weitgehend gelöst, dafür tauchen immer wieder neue auf. Das ausgebeutete, verelendete, hohlwangige Proletariat ist hierzulande nur noch ein museales Relikt. Ich glaube aber nicht, daß sich die christliche Sozialbewegung erledigt hat, wenn sie in der Lage ist, die neuen Herausforderungen der Zukunft rechtzeitig aufzuspüren und mutig anzugehen.

Die „soziale Frage" des 19. Jahrhunderts als „Arbeiterfrage" löst heute keine existentielle Betroffenheit mehr aus. Von ihr lassen sich weder einzelne politisch aktivieren noch Massen mobilisieren. Die Arbeitnehmerschichten sind hierzulande sozial abgesichert, gesellschaftlich integriert und politisch gleichberechtigt. Somit ist die notleidende Klasse des Proletariats nur noch ein museales Relikt. Von daher erklärt sich, daß die Katholische Soziallehre, insoweit sie sich der Arbeitswelt zuwendet, einen Bedeutungsverlust erlitten hat. Und daß die christlichen Sozialverbände, insofern sie sich an der Lösung der alten „Arbeiterfrage" beteiligten, ihren Bewegungscharakter verloren haben. Auch spezielle Arbeiterkulturen, Arbeitermilieus und Arbeiterparteien gehören der Vergangenheit an.

Neue soziale Fragen haben neue soziale Bewegungen hervorgerufen, die auch die einstmals mächtige katholische Arbeiterbewegung (KAB) überholten und verdrängten. Diesen Ablösungsprozeß haben große Teile des Verbandskatholizismus verschlafen. Daran konnte auch der halbherzige und verspätete Versuch christlich-sozialer Gruppen nichts mehr ändern, sich der Friedens-, Ökologie- und Frauenbewegung anzuschließen, um dadurch selber wieder mehr Bewegung zu erhalten. Die Frage ist: Haben sich die katholischen Sozialverbände „zu Tode gesiegt", indem sie ihre traditionellen Ziele erreichten – oder gibt es neue Ziele, die auch zu neuen Ufern führen? Das von Papst Paul VI. (1897–1978) verfaßte Dokument „Octogesima adveniens" (1971) enthält eine geradezu prophetisch vor(weg)genommene „Wende" der Katholischen Soziallehre zu den *neuen* sozialen Problemen, die von der katholischen Sozialbewegung leider kaum nachvollzogen worden ist. Wohl aber von Heiner Geißler, der die „neue soziale Frage" für die CDU-Programmatik entdeckte, allerdings ohne großen Erfolg. Manchmal erweist sich das Lehramt als die eigentliche Avantgarde, der aber die Truppen nicht folgen.

Die sozialpolitischen Impulse und Erfolge des deutschen Sozialkatholizismus im Kaiserreich und in der Weimarer Republik verdanken sich einem organisierten Zusammenspiel von Wirkkräften, das wohl nicht mehr wiederbelebt werden kann. Es spielte sich auf einer Vermittlungsschiene zwischen der vielfältigen Sozialbewegung, dem koordinierenden „Volksverein für das katholische Deutschland", den christlichen Gewerkschaften, der Zentrumspartei, der parlamentarischen Zentrumsfraktion und der staatlichen Politik ab. Auf dieser Schiene konnte die Katholische Soziallehre aktualisiert, interpretiert, mit Inhalten angereichert – und dann vor allem politisch wirksam gemacht werden.

In den Gründerjahren der Bundesrepublik konnte man an diese Tradition in etwa wieder anknüpfen, wenn sich die handelnden Personen und vor allem die Institutionen inzwischen auch gewandelt hatten und der „politische Katholizismus" überholt war. In der jungen CDU (bis zum Ahlener Programm) und später noch in ihren Sozialausschüssen fanden die katholischen Sozialverbände jedoch immer noch Ansprechpartner, die sich aus dem Sozialkatholizismus rekrutierten und dementsprechend auch bereit waren, die Katholische Soziallehre als (sozial-)politische Orientierung ernst zu nehmen. Bis auf einige Restbestände: *Tempi passati.*

Auf dem Weg zur christlichen Demokratie

Papst Leo XIII., der große Ahnherr der Katholischen Soziallehre, wandte sich am Ende des 19. Jahrhunderts zunächst gegen die damals in Frankreich geläufige Bezeichnung „Christliche Demokratie". Dieser Name stand für eine soziale Bewegung, die damals noch unter kirchlicher Leitung stand. Mit seiner Kritik wollte der Papst dem Eindruck entgegenwirken, als sei die Demokratie (als Volksherrschaft im Staat) eine typisch christliche Staatsform, die von der Kirche legitimiert würde. Demgegenüber beharrte Leo XIII. auf einer politischen Neutralität. Die kirchliche Neutralität in Sachen Staatsform war zu einer Zeit, als in Europa monarchische und nicht republikanisch-demokratische Verhältnisse vorherrschten, durchaus verständlich. Und es dauerte einige Jahrzehnte und bedurfte der katastrophalen Erfahrung mit den damals modernen totalitären Regimen, bis sich Pius XII. (1876–1958) während des Zweiten Weltkrieges eindeutig für eine demokratische Staatsform aussprach. Freilich nicht für ein konkretes Demokratiemodell.

Den eigentlichen Grund für diese demokratische Option sah Pius XII. nicht im formalen Mehrheitsprinzip, sondern vor allem in der rechtsstaatlichen Garantie der Menschenwürde und der Menschenrechte. Eine derart konstitutionalisierte Demokratie war auch der Grund dafür, daß sich dieser Papst in der Nachkriegszeit mit Erfolg gegen eine kommunistische Machtergreifung in Italien zur Wehr setzte und – wenigstens indirekt – für die „Democrazia Cristiana" Partei ergriff. Diese Partei existiert inzwischen nicht mehr. Ein Schicksal, das auch die deutschen C-Parteien ereilen kann.

Übrigens trieb Leo XIII. seine staatsrechtlich-politische Neutralität nie so weit, daß er etwa auf die Dienste der katholisch-demokratischen Kräfte in Deutschland verzichtet hätte. Diese fanden im Zentrum eine machtvolle Partei und Parlamentsfraktion, welche im „Kulturkampf" mit Bismarck die Rechte der Kirche, die Rechte der Religionsfreiheit und damit die übrigen Menschenrechte verteidigte. Ohne die Allianz mit dem demokratischen Zentrum hätte sich Leo XIII. wohl kaum mit Bismarck über die Beendigung der die Kirche diskriminierenden Kulturkampfgesetze einigen können.

Ob es zu einer ähnlichen Kulturkampfsituation im künftigen Europa kommen könnte, bleibt ungewiß – und eine bange Frage, die sich einige besorgte Zeitgenossen in Kirche und Partei stellen. Jedenfalls zeichnet sich auf europäischer Ebene eine Entwicklung ab, die nicht gerade kirchenfreundlich ist, sondern von einem laizistisch-jakobinischen Geist aggressiv aufgeladen wird. Primär geht es noch nicht um die staatskirchenrechtliche Position der Kirche: Die Kirche ist – wenigstens in Deutschland – als öffentlich-rechtliche Körperschaft im Grundgesetz verankert und auch völkerrechtlich durch Konkordate abgesichert.

Aber wie lange halten solche Sicherungen, wenn sich demokratische Mehrheiten anbahnen sollten, die die Abtreibung als ein Menschenrecht proklamieren und im Namen der Wissenschaftsfreiheit und der Volksgesundheit menschliche Embryonen für die Stammzellenforschung opfern? In welche juristisch prekäre Situation kann eine Kirche geraten, die in ihren Krankenhäusern weder Abtreibung noch aktive „Sterbehilfe" zuläßt? Wie werden sich die Antidiskriminierungsrichtlinien auswirken, wenn die Kirche nach wie vor Frauen nicht zum Priesteramt zuläßt? Und wird eines Tages die Kirche vor den Europäischen Gerichtshof gezerrt, weil man sie der „Homophobie" bezichtigt? Jedenfalls deutet ein Ereignis aus dem Jahr 2004 auf eine bedenkliche Entwicklung in Europa hin.

Ein Intermezzo: Der Fall Buttiglione

Der Fall des Christdemokraten Rocco Buttiglione symbolisiert den verlorenen Posten, auf dem bekennende Christen heute in Europa stehen, wenn sie nicht politisch zusammenstehen und für ihre Rechte kämpfen. Was hatte der italienische Europaminister Buttiglione verbrochen, daß man ihn ablehnte, als er sich um die Mitgliedschaft in der Europäischen Kommission bewarb? Im parlamentarischen Inquisitionsverfahren, das die Unfähigkeit Buttigliones nachweisen wollte, nagelte man ihn auf das Wort „Sünde" fest. Durch mehrfaches Nachfragen hatte man es ihm in den Mund gepreßt – und er spuckte es aus. Buttiglione wußte sehr wohl, daß nach der verqueren Logik der *political correctness* die Verwendung des Wortes „Sünde" im Zusammenhang mit homosexuellen Handlungen einer Todsünde gleichkommt. Und er beeilte sich zu erklären, das die religiös-moralische Bewertung einer Handlung als „Sünde" (die den Respekt vor dem „Sünder" einschließt) strikt zu unterscheiden sei von der rechtlich-politischen Bewertungsebene.

Aber da kam jede Aufklärung über die Aufklärung zu spät. Da kann, um jene Unterscheidung zwischen persönlicher Moral und staatlichem Recht zu erläutern, ein noch so bedeutender Philosophieprofessor so oft er will auf die Aufklärung und sogar auf Thomas von Aquin pochen: Die rotgrün-blauen Abgeordneten des Europäischen Parlaments, die sich auf das Erbe der Aufklärung, ausdrücklich nicht auf das des Christentums berufen, sind dabei, beide Erbteile Europas zu verspielen. Immanuel Kant und John Locke werden von Robespierre und den Jakobinern verdrängt. Was Buttiglione als den „neuen Klerikalismus der Linken" bezeichnet, läuft auf einen fanatisch-aggressiven Laizismus hinaus. Und Joseph Kardinal Ratzinger merkte dazu an, „daß das, was zunächst als Gewähr gemeinsamer Freiheit erschien, sich in eine Ideologie umformt, die zum Dogmatismus wird und die Religionsfreiheit zu gefährden beginnt".

Christen für eine neue Ordnung

Zurück zum Geschichtsverlauf: Gerade weil die Kirche wegen ihres Menschenrechtsverständnisses von den Nationalsozialisten verfolgt wurde, konnte sie nach dem Krieg entscheidend am Aufbau einer neuen Ordnung mitwirken. Im Grundgesetz der Bundesrepublik Deutschland finden sich zahlreiche Anklänge an das christliche Menschen- und Gesellschaftsbild. Die ausdrückliche Berufung auf Gott, auf die Menschenwürde, auf die elementaren Menschenrechte, auf die Rechte von Ehe und Familie sowie auf das Gewissen der Abgeordneten ließ keinen Zweifel daran, wie stark unser Grundgesetz von christlich-abendländischem Geist durchdrungen ist, der damals von den christlichen Kirchen ausging. Und auch die Rechtsprechung des Bundesverfassungsgerichts ließ diesen Geist über Jahrzehnte hinweg erkennen, indem es an die Naturrechtskonzeption der Katholischen Soziallehre anknüpfte.

Dies alles wäre vermutlich nicht möglich gewesen, wenn es damals nicht politisch aktive Träger des christlichen Naturrechtsdenkens gegeben hätte, die sich in den Parteien der Christlichen Demokratie sammelten. Der christlich-demokratische Unionsgedanke umfaßte nach 1945 namentlich die *Christen beider Konfessionen*. Diese hatten aus der parteipolitischen Spaltung zwischen katholisch und evangelisch – angesichts des gemeinsamen Scheiterns vor dem Nationalsozialismus 1933 – die Konsequenz gezogen, nach der Katastrophe des „Dritten Reichs" 1945 ganz neu, d.h. in ökumenischer Kooperation, mit einer Partei neuen Stils anzufangen. Diese Kooperation hatte bereits im gemeinsamen Widerstand gegen den Nationalsozialismus Gestalt angenommen, in den Konzentrationslagern, in denen sich überzeugte Katholiken und Protestanten im gemeinsamen Opferschicksal begegneten, besonders aber im Untergrund des Widerstandes, der sich vor allem im Kreisauer Kreis formierte.

Diesem Widerstandskreis gehörten Dietrich Bonhoeffer und Alfred Delp SJ an, die nach dem 20. Juli 1944 hingerichtet wurden. Im Kölner Widerstand wirkten vor allem die Dominikaner Laurentius Siemer und Eberhard Welty. Sie, die durch glückliche Fügung überlebten, haben unmittelbar nach dem Zweiten Weltkrieg maßgeblich an der Gründung der CDU mitgewirkt. Dabei konnten sie auf jene programmatischen Entwürfe zurückgreifen, die sie bereits für den Kreisauer Kreis konzipiert hatten. Die Gründung der rheinischen CDU ereignete sich Ende 1945 im Dominikanerkloster Walberberg – zwischen Bonn und Köln gelegen. Und die ersten Programme der CDU waren von dem Gedankengut der Katholischen Soziallehre imprägniert, wie sie Eberhard Welty formuliert hatte. Daß der rechtliche Lebensschutz von ungeborenen Kindern, von alten und behinderten Menschen damals zum Kernbestand christlich-demokratischer Programmatik gehörten, war eine reine Selbstverständlichkeit, die aber mit der Zeit, vor allem seit den 70er Jahren immer mehr verblaßte.

Die Rolle des Naturrechtsdenkens

Das hing auch damit zusammen, daß sich das Naturrechtsdenken zunehmend im Subjektivismus des „Wertewandels" auflöste. Das Naturrecht in Kategorien der Vernunft, nicht des eschatologischen Glaubens, teilte die Kirche mit vielen

Repräsentanten der klassischen Philosophie und auch der Aufklärung. Dieses Denken hatte sich im Widerstand gegen den Rechtspositivismus der Nazi-Diktatur bewährt: gegen die tyrannisch-tautologische Formel „Gesetz ist Gesetz". Nach dem Krieg sollte es beim Aufbau des Rechtsstaats die Demokratie vor der Verabsolutierung des Mehrheitsprinzips bewahren und den autonomen Freiheiten Grenzen setzen. Zugleich ermöglichte es den säkularen Verfassungsstaat und die Relativierung seiner nationalen Souveränität. Überdies versetzte es die Kirche in die Lage, mit dem modernen Staat zu kooperieren, insofern er sich nicht als ideologischer Ersatzglaubensstaat gerierte.

Das Naturrechtsdenken diente auch als Brücke zwischen Kirche und Partei. Weder das Zentrum noch die nach 1945 entstandenen C-Parteien standen je unter einer kirchlichen Fuchtel, wenngleich sich Partei und Kirche oft zum gegenseitigen Nutzen die Bälle zuspielten. Dies ging so lange gut, wie sich das Naturrechtsverständnis beider in einem breiten gesellschaftlichen Konsens widerspiegelte, der konfessionelle und sogar parteipolitische Schranken überwinden konnte, weil er eben auch den Geist des Grundgesetzes verkörperte.

Freilich schmolz dieser Konsens in einigen zentralen Fragen immer mehr zusammen. Diesen „Wertewandel" haben die 68er zwar nicht erzeugt, aber erheblich radikalisiert und beschleunigt. Und er ist nicht spurlos an staatlichen Institutionen wie dem Bundesverfassungsgericht vorübergegangen. Auch die CDU ließ sich von diesem Zeitgeist ergreifen, und sogar die Kirchen, die katholische weniger als die evangelische.

Die CDU ist nie eine christliche Partei in dem Sinne gewesen, daß sie die christliche Erlösungsbotschaft zum Programm erhoben hätte. Wohl aber in dem Sinne, daß sie viele gläubige Christen an sich gezogen hat, die sich von ihrer Partei eben nicht die Erfüllung einer säkularen Heils-hoffnung oder die politökonomische Herstellung des Rei-ches Gottes erwarteten. Exklusiv christlich ist die CDU nie gewesen. Und wer mit Leo XIII. eine „anima naturaliter christiana" annimmt, wird gegen die Aufnahme von Heiden nichts einzuwenden haben. Insoweit diese sich mit dem christlich-abendländischen Erbe dieser Partei identifizieren können.

Die Frage ist aber, ob diese Partei nicht selber ihr eigenes Erbe inzwischen immer mehr verspielt hat. Indem sie näm-lich ihre inklusive Öffnung nach allen möglichen Richtungen immer stärker vorangetrieben hat. Das könnte der Partei schließlich eine völlige Verwischung dessen bescheren, was sie ursprünglich unter ihrem „C" verstanden hatte. Die Ge-fahr der Profillosigkeit und Traditionsvergessenheit droht vor allem aus der Tendenz, das christlich kompatible Natur-recht nur noch als leere Formel gelten zu lassen, die sich mit ganz unterschiedlichen Inhalten füllen lassen. Diese Tendenz des Relativismus zeichnet sich in den CDU-Grundsatzpro-grammen deutlich ab.

VON MÄNNERN,
„MÄDCHEN" UND MÄCHTEN

Kraftvolle Persönlichkeiten sind es wohl in erster Linie gewesen, die der CDU ihr Profil verliehen haben. Die sie aus der Taufe hoben, gehörten überwiegend einer Generation an, die das Scheitern der Weimarer Demokratie erlebt und sich im Widerstand gegen die Hitler-Diktatur bewährt hatte. Die Gründerfiguren waren gewiß nicht alle aktive Kämpfer gegen den Nationalsozialismus gewesen, von denen nur wenige überlebt hatten. Aber es genügte schon, nicht mitgemacht und sich dem brutalen Zeitgeist zwischen 1933 und 1945 nicht unterworfen zu haben. Darin lag bereits ein großes, manchmal lebensgefährliches Risiko. Wer das auf sich genommen hatte, konnte als mutig und tapfer gelten und kam als künftige Führungspersönlichkeit in Frage.

Die sich schon im Widerstand sammelnden Gründer der späteren CDU – jedenfalls im Westen des Landes – waren fast alle Katholiken und standen der früheren Zentrumspartei nahe, die 1933 ein unrühmliches Ende gefunden hatte. Eine Wiederbegründung des Zentrums kam aber nach 1945 schon deshalb nicht in Frage, weil man – aus Erfahrung klug geworden – eine andauernde konfessionelle Zersplitterung der christlichen Kräfte in der Politik verhindern wollte. Daß in der neuen C-Partei dennoch die Katholiken lange Zeit (und teilweise bis heute) das dominierende Element blieben, hing mit nachwirkenden Traditionen und Milieus zusammen. Die stärker kirchengebundenen, kulturkampferprobten, von der Soziallehre ihrer Kirche imprägnierten Katholiken hatten sich gegenüber dem Nazi-Regime als vergleichsweise resistent erwiesen. Das läßt sich anhand der Wahlstatistik eindeutig nachweisen. Katholiken wurden von den Nazis bevorzugt verfolgt. Und die Zahlen der in den Konzentrationslagern und Gefängnissen gequälten und ermordeten katholischen Priester sprechen für sich.

Nach 1945 hatten die Kirchen, besonders die katholische, ein sehr hohes Ansehen. Ihre weltanschauliche und moralische Autorität war weithin unbestritten. Sie galt vielfach als die einzig verbliebene Ordnungskraft, aus der heraus auch ein politischer Neubeginn möglich erschien. Auf ihre Bischöfe und Priester hörte man gern, auch wenn der „politische Katholizismus" mit dem Reichskonkordat als offiziell beendet galt.

So wundert es nicht, daß sich die Geburt der CDU aus dem Geist der Katholischen Soziallehre ereignete. Ihr personalistisches Menschenbild, ihr naturrechtliches Menschenrechtsverständnis, ihre Sozialprinzipien, ihre Wertschätzung der Ehe und Familie waren plötzlich völlig evident und erschienen als gesellschaftlich konsensfähig. So daß sich diese Bestimmungen nicht nur in der CDU-Programmatik, sondern vor allem im Grundgesetz der Bundesrepublik Deutschland abbildeten. Seitdem konnte man eigentlich sagen: Das Grundgesetz ist das beste Programm der CDU.

Die CDU hätte sich fortan mancherlei Programme ersparen können, wenn sie den Ursprungsgeist des Grundgesetzes in sich bewahrt hätte. Statt dessen ließ sie sich im Verlauf ihrer programmatischen Entwicklung immer mehr auf Interpretationen und auch Verdrehungen ein, die das Bundesverfassungsgericht nachvollzog. Der Geist des Ursprungs verblaßte in dem Maße, als die Erfahrung der absoluten Unmenschlichkeit immer mehr in Vergessenheit geriet. Es scheint wohl so zu sein, daß erst die unmittelbare negative Erfahrung mit einem in sich unmenschlichen System die Einsicht in die Geltung von Menschenwürde und Menschenrechte beflügelt. Damals zog man daraus vor allem den Schluß, das menschliche Leben, auch das ungeborene und angeblich „unwerte" Leben, rechtlich zu schützen.

Diese evidente Überzeugung wurde damals vor allem von Persönlichkeiten glaubwürdig vermittelt, welche die Nazi-Barbarei hautnah erlebt, erlitten und überlebt hatten. Auf ihr Zeugnis kam es zum Zeitpunkt der CDU-Gründung wesentlich an. Nicht auf jene, die sich als Nazi-Mitläufer einen kirchlichen Persilschein erschlichen, um später in der CDU oder durch sie Karriere machen zu konnen. Trittbrettfahrer und „Wendehälse" sind also kein neues Phänomen, das der CDU erst nach der Revolution von 1989 zu schaffen machte. „Christlich" waren vermutlich nicht alle, die am 22. Juli 1945 die Berliner CDU gründeten. Auch unter Christen gab es damals schon einige, die aus respektablen Gründen das „C" im Parteinamen ablehnten. Heinrich Krone, der langjährige CDU-Fraktionsvorsitzende im Bundestag und enger Gefährte Adenauers, hält in seinem Tagebuch unter dem Datum des 6. Februars 1950 fest: „Die Union muß sich ihres Fundamentes bewußt sein. In der Diskussion vor fünf Jahren habe ich mich entschieden für das Wort Christlich im Namen der Partei eingesetzt. Es gab auch im Gründerkreis der Berliner CDU Stimmen, die dieses Wort nicht wollten. Ich gebe zu, auch aus Gründen, die anzuerkennen sind."

Bei der Gründung der rheinischen CDU ging es nicht so sehr um das „C" der künftigen Partei. Die Programmberatungen ereigneten sich zwischen dem 23. Juni und dem 1. Juli 1945. Nicht zufällig in einem Kloster der Dominikaner. In Walberberg. In dieses Kloster einzutreten war für einen des Jahrgangs 1947, der im katholischen Milieu einer rheinischen Gemeinde aufgewachsen war, nicht völlig ungewöhnlich. Für einen zumal, dessen Eltern, Groß- und Urgroßeltern schon immer der Zentrumspartei verbunden waren. Und dessen Vater, der im „Dritten Reich" erhebliche Nachteile als Katholik erleiden mußte, von Anfang an in der CDU mitarbeitete. Im Heimatort Ittenbach – im Siebengebirge bei Bonn gelegen – Mitglied der Kolpingsfamilie zu werden, war naheliegend. Dort habe ich es sogar bis zum Schriftführer gebracht. Mit 16 bei der Jungen Union, die mir schöne Auslandsreisen ermöglichte, mit 18 bei der CDU mitzuwirken, war dann eine reine Selbstverständlichkeit. Und als ich mich nach dem Abitur für ein Berufsleben in der Kirche entschied, fiel meine Wahl auf den Dominikanerorden. Deren CDU-Engagement war mir 1967 nicht einmal bekannt, und die Namen Siemer, Welty und Streithofen nur den Fachleuten geläufig.

Die drei Dominikaner

Zur Vorgeschichte der CDU gehört das sozialethische Engagement einiger deutscher Dominikaner, die Ende des 19. und zu Beginn des 20. Jahrhunderts zu den bedeutenden Inspiratoren und Organisatoren der christlich-sozialen Bewegung und der Zentrumspartei gehörten. Zu nennen ist hier vor allem Albert Maria Weiß OP (1844–1925), der in Fribourg lehrte. Er war ein enger Freund von Karl Freiherr von Vogelsang und Mitglied der „Union de Fribourg", die die Vorarbeiten zur Enzyklika „Rerum novarum" (1891) leistete. Weiß hatte in seinem Buch „Liberalismus und Christentum" den damals vorherrschenden weltanschaulichen Liberalismus scharf kritisiert und ein zweibändiges Werk über „Soziale Frage und Soziale Ordnung" verfaßt. Zusammen mit Weiß hatte auch Karl Fürst zu Löwenstein (1834–1921) in der „Union de Fribourg" gewirkt, der als Mitglied der Zentrumspartei und als Generalkommissar der Deutschen Katholikentage zu den Prominenten der christlich-sozialen

Bewegung zählte. 1908 schloß sich Fürst Löwenstein als Pater Raymundus dem Dominikanerorden an.

In den 30er Jahren und vor allem nach dem Zweiten Weltkrieg erlangten die Dominikaner in Deutschland eine öffentliche Bedeutung, die weit über das traditionelle Engagement (Predigt, Seelsorge, Theologie) hinausging. Von großer sozialethischer und auch politischer Wirkung beim Aufbau der Bundesrepublik Deutschland waren die Aktivitäten, die vom Kloster Walberberg ausgingen. Dieses Kloster liegt – damals strategisch günstig – in einem kleinen Dorf zwischen den Städten Bonn und Köln und war bis Mitte der 70er Jahre Sitz der philosophisch-theologischen Hochschule der Dominikaner.

Mit dem Namen Walberberg verbindet sich vor allem ein Kreis von fünf namhaften Dominikanern: Laurentius Siemer (1888–1956), Eberhard Welty (1902–1965), Arthur F. Utz (1908–2001), Edgar Nawroth (geb. 1912) und Basilius Streithofen (1925–2006), die durch zahlreiche Initiativen, Publikationen und Institutionen einige beachtliche Spuren gezogen haben. Drei von ihnen, nämlich Siemer, Welty und Streithofen, sind aus der Geschichte der CDU nicht wegzudenken. Wenngleich sie hinsichtlich ihrer Loyalität zur CDU durchaus verschiedene Wege gingen.

Laurentius Siemer

Siemer war schon um 1920 in der Zentrumspartei aktiv geworden. 1932 wurde er zum Provinzial der deutschen Dominikaner gewählt. Dieses Amt übte er bis 1946 aus, und in dieser Lebensphase gewann sein Wirken politische Bedeutung. Gegenüber dem nationalsozialistischen Regime zog er einen klaren Trennungsstrich und lehnte Kompromisse ab. Auch innerhalb der Ordensprovinz unterband er streng

49

jede Kollaboration. Willkürmaßnahmen des Regimes, vor allem der Geheimen Staatspolizei, ließen nicht lange auf sich warten. Im Frühjahr 1935 wurde er verhaftet, nach neuneinhalb Monaten Untersuchungshaft vor Gericht gestellt, wegen „Devisenerschleichung" verurteilt, in einer Revisionsverhandlung 1936 aber wieder freigesprochen. Siemer hatte Glück, einige andere Dominikaner sind im Gefängnis oder Konzentrationslager ums Leben gekommen.

Der wachsende NS-Staatsterror und der Angriffskrieg bestärkten Siemers Bereitschaft, aktiven Widerstand zu leisten. Gerechtfertigt hat er den Widerstandskampf gegen den Unrechtsstaat einerseits biblisch: „Man muß Gott mehr gehorchen als den Menschen" (Apg 5,29). Andererseits kam er aufgrund naturrechtlicher Überlegungen immer klarer zu der Einsicht, daß der nationalsozialistische Staat, der sein Wesen in der Macht sah und nicht in der Förderung des Gemeinwohls, nicht mehr als „Staat" zu erkennen und anzuerkennen sei.

Siemers Widerstandsbereitschaft radikalisierte sich zur konsequenten Teilnahme an der organisierten Verschwörung gegen den Nazistaat auch deshalb, weil er die Erfahrung machte, wie wirkungslos und halbherzig die Hirtenbriefe und andere bischöfliche Aktionen, an denen er beteiligt war, gewesen sind.

Siemer schloß sich zunächst einem Kölner Widerstandskreis an, der aus der Katholischen Arbeiterbewegung hervorgegangen war. Zu den Mitgliedern, von denen die meisten nach dem 20. Juli 1944 (Attentat auf Hitler) hingerichtet wurden, gehörte auch Eberhard Welty. Siemer hatte seinen Freund und Mitbruder hinzugezogen, weil dieser als profilierter Sozialethiker in der Lage war, ein Konzept für die künftige Staats- und Gesellschaftsordnung zu entwerfen, das nach dem Krieg als programmatische Grundlage einer christlich-demokratischen Partei dienen konnte.

50

Im Kölner Widerstandskreis kam es im Herbst 1942 zu jener denkwürdigen Begegnung mit Carl Goerdeler, die Siemer vollends in die Verschwörung gegen Hitler involvierte. Als Chef des Kreisauer Kreises war Goerdeler unmittelbar mit den Umsturzplänen befaßt und sollte nach einem gelungenen Attentat auf Hitler Reichskanzler werden. Für Goerdeler verfaßte Siemer einen Gesetzentwurf zum künftigen Verhältnis Kirche-Staat. Das Attentat mißlang jedoch, und Siemer entzog sich der Verhaftung durch Flucht. Bis zum Kriegsende versteckte er sich bei Freunden in seiner oldenburgischen Heimat.

Nach der Befreiung durch die Engländer schlug Siemer sein Hauptquartier im Kloster Walberberg auf. „Unter Laurentius Siemer ist Walberberg eine Hochburg aller Bestrebungen geworden, die eine Wiedererweckung der christlichen Gesellschaftslehre im Auge haben", bemerkte Leo Schwering, die treibende Kraft des Kölner CDU-Gründerkreises, der im Juli 1945 in Walberberg sein erstes Programm („Kölner Leitsätze") verabschiedete. Der eigentliche geistige Kopf dieses Gründerkreises, der sich überwiegend aus den Überlebenden des Widerstandskreises rekrutierte, war aber Eberhard Welty.

Welty war es auch, der das Konzept eines vom Marxismus scharf getrennten „christlichen Sozialismus" entwickelt hatte, der in der Präambel der „Kölner Leitsätze" erwähnt wird. Siemer bestand in den Verhandlungen darauf, die Adjektive „christlich-sozialistisch" in den Namen der zu gründenden Partei aufzunehmen. Sein Antrag wurde abgelehnt. Es kam zu heftigen Auseinandersetzungen mit Schwering, und Siemer hielt sich fortan parteipolitisch zurück. Er versuchte zwar noch, das von Konrad Adenauer später wesentlich veränderte CDU-Programm zu korrigieren. Bei einem Besuch Siemers bei Adenauer in Rhöndorf nahm dieser „fast jede von mir geübte Kritik dankbar an, zeigte aber keine große Bereitwilligkeit, die von mir gewünschte Umänderung des Abschnitts über die sozialen Forderungen der CDU vorzunehmen", berichtete Siemer. Als Mitgründer und Freund der CDU war er in dieser Partei hochgeachtet, wurde aber nie ihr Mitglied.

Von Siemer als Herausgeber und Welty als Schriftleiter wurde 1946 die Zeitschrift „Die Neue Ordnung" gegründet, in der Siemer sich jedoch nur selten zu Wort meldete. Siemer schien 1946 seinen Zenit überschritten zu haben. In der CDU zog er sich zurück, nachdem er mit seinen Vorstellungen nicht durchgedrungen war.

Eberhard Welty

Welty trat 1922 in den Dominikanerorden ein und studierte Theologie, Philosophie, Volkswirtschaft und Soziologie. Sein Denken wurde geprägt von dem bedeutenden Soziologen Leopold von Wiese (Beziehungslehre), dem Volkswirtschaftler Christian Eckert und vor allem durch Theodor Brauer, einem katholischen Sozialethiker, der den christlichen Gewerkschaften nahestand. Weltys deduktive Sozialphilosophie und -ethik ist auf einer Sozialmetaphysik gegründet, die sich deutlich an das Ganzheits- und Ordnungsdenken des Thomas von Aquin anlehnt und stark vom thomistischen Naturrechtsdenken geprägt ist.

Seine Ausführungen über die „berufsständische Ordnung" (nach „Quadragesimo anno", 1931) machen deutlich, daß ganzheitliches Denken nicht zu einer kollektivistischen Gesellschaftskonzeption führen muß, und daß die dem Staat zugedachte einheitsstiftende Funktion nicht mit einem totalitären „Ständestaat" zu verwechseln ist. Denn in der „von unten nach oben" durchgegliederten Gemeinschaft herrscht der Grundsatz der Subsidiarität und der Selbstverwaltung.

Während des „Dritten Reiches" hielt sich Welty, der im Unterschied zu seinem Mentor Siemer eher ängstlich war, vorsichtig zurück und beschränkte seine Publikationen auf politisch unverfängliche Themen. Er dozierte Ethik und Moraltheologie in Walberberg. Als der Krieg ausbrach, wurde das Walberberger Kloster zum Lazarett umgebaut und später von der Geheimen Staatspolizei beschlagnahmt. Einige Patres, darunter Welty, konnten als Pflegepersonal und Seelsorger in Walberberg bleiben. Über Siemer gelangte Welty 1941 in den Kölner Widerstandskreis. Siemer, der kein ausgebildeter Sozialethiker und in theoretisch-programmatischen Fragen überfordert war, beauftragte seinen Konfrater mit der Ausarbeitung von Grundsätzen zu einer neuen Staats- und Gesellschaftsordnung. Man traf sich in Privatwohnungen zu Beratungen, die konspirativen Charakter hatten, und diskutierte nach Vorlagen, die auch Welty erarbeitet hatte. Welty blieb nach dem Attentat auf Hitler davor bewahrt, als Mitverschwörer verhaftet zu werden, weil er nur einmal, vermutlich im Juni 1944, und unbeobachtet an einem Treffen in Köln teilgenommen hatte. Diese Vorsicht war durchaus angebracht, denn Welty wohnte in Walberberg unter einem Dach mit der Geheimen Staatspolizei, die das Klosterlazarett beschlagnahmt hatte.

Seine Ausarbeitungen über eine „christliche Gesamtlebensordnung" als „Neuordnung im deutschen Lebensraum" konnte er in Sicherheit bringen. Sie dienten unmittelbar nach dem Krieg als Diskussionsgrundlage für die Beratungen der „Kölner Leitsätze", in denen zum erstenmal innerhalb der sich formierenden rheinischen CDU vom „christlichen Sozialismus" gesprochen wurde. Die Papiere erschienen 1945 in programmatischer Kurzfassung als Manuskript gedruckt unter dem Titel „Was nun? Grundsätze und Hinweise zur Neuordnung im deutschen Lebensraum" – übrigens ohne

Genehmigung der britischen Militärbehörde, die Welty deswegen verwarnte – und in erweiterter Buchfassung dann 1946 unter dem Titel „Entscheidung in die Zukunft".

Beide Publikationen gewannen bestimmenden Einfluß auf die programmatische Grundlage der jungen Partei im Rheinland bis hin zum „Ahlener Wirtschaftsprogramm" der CDU der britischen Zone vom März 1947. Die „Kölner Leitsätze" vom Juli 1945 waren das Ergebnis von Beratungen, die der Kölner CDU-Gründerkreis im Kloster Walberberg abhielt, das sich als Tagungsstätte schon deshalb anbot, weil es den Krieg unzerstört überdauert hatte. Nach dem Urteil von Leo Schwering hat Welty als die „Seele der Verhandlungen" zu gelten: „Die Mischung von wissenschaftlicher Korrektheit und dem lebhaften priesterlichen Gefühl für die sozial Schwachen erforderte Achtung und höchste Anerkennung."

Der von Siemer vorgeschlagene Parteiname „Christlichsozialistische Union" wurde von der Mehrheit der Parteigründer zwar verworfen, nicht aber das von Welty vorgelegte Konzept, das sich als „christlicher Sozialismus" noch einige Jahre in der CDU behaupten sollte. An der mißverständlichen Bezeichnung „christlicher Sozialismus", für die sich Welty auch in einigen Artikeln der von ihm 1946 mitbegründeten Zeitschrift „Die Neue Ordnung" vehement einsetzte, entzündete sich eine heftige Kontroverse. Der Terminus war keineswegs originell, er hatte seit dem 19. Jahrhundert vielfach und in verschiedener Weise Anwendung gefunden. Welty wollte keineswegs Anleihen beim marxistischen Sozialismusbegriff machen oder diesen mit dem Christentum versöhnen. Sein christlicher „Sozialismus" war streng antimarxistisch und sollte lediglich als anziehendes Etikett zur Bezeichnung seiner thomistischen Soziallehre dienen.

Weltys „christlicher Sozialismus" konnte sich in der CDU nur bis zum „Ahlener Programm" behaupten. Welty übte aber in der sich zunehmend liberal-marktwirtschaftlich ausrichten den CDU weiterhin einen erheblichen Einfluß auf die Sozialpolitik aus. Er hielt einen gemäßigten wirtschaftlichen Sozialismus, also partielle Vergesellschaftung und Mitbestimmung, für vereinbar mit Naturrecht und Christentum. Dieser abermalige Versuch, einen streng antimarxistischen, von der SPD distanzierten „Sozialismus" als zeitgemäße Bezeichnung und zeitgebundene Interpretation der Katholischen Soziallehre einzuführen, scheiterte nach wenigen Jahren. Er war der Notsituation der Nachkriegszeit geschuldet. In der Extremsituation von 1945 schrieb Welty in „Was nun?" einen Satz, der heute wieder sehr aktuell klingt: „Der deutsche Staat hat zur Stunde das Recht, das Sondereigentum durch geeignete Zwangsmaßnahmen so weit in Gemeineigentum zu verwandeln, als sein eigenes Dasein und seine innenpolitische Ordnung mit dieser Wandlung stehen und fallen" (S. 31). Diese situationsbedingte Interpretation der katholischen Eigentumslehre zielte auf die Behebung eines vorübergehenden Notstands und war kein Plädoyer für eine „rücksichtslose Verstaatlichung".

Der Versuch, einen alternativen Sozialismusbegriff einzuführen, um dadurch die Attraktivität der Katholischen Soziallehre zu erhöhen und die Arbeiterschaft stärker an die Kirche und die neue Partei heranzuführen, mißlang. Er scheiterte am innerparteilichen und innerkirchlichen Widerspruch und vor allem an der Tatsache, daß „Sozialismus" seit langem schon ideologisch-politisch besetzt war. Überdies erübrigte er sich durch die rasche Erholung der Wirtschaft. Dennoch wuchs im Lauf der Zeit Weltys Einfluß auf das soziale Denken innerhalb der Kirche. Im politischen Bereich jedoch gingen die Wirkungen, die er auf die frühe CDU-Programmatik ausübte, spürbar zurück. Sie beschränkten sich vornehmlich auf die „Sozialausschüsse", d.h. auf den Arbeitnehmerflügel der CDU. Damit reduzierte sich Weltys Einfluß auf den sozialpolitischen und sozialstaatlichen Aufbau der Bundesrepublik Deutschland. In der Wirtschaftspolitik setzten sich jedoch die Neo- und Ordo-Liberalen um Ludwig Erhard durch, der mit seinem Konzept der „sozialen Marktwirtschaft" erhebliche Erfolge („Wirtschaftswunder") vorweisen konnte.

Weltys Interpretation der Katholischen Soziallehre teilte mit dem „Ahlener Programm", das seine Zentralbegriffe übernahm, das Schicksal mangelnder politischer Realisierbarkeit. Beide enthalten als Grundtenor einen antimarxistischen wie antikapitalistischen Zug, ohne einen „dritten Weg" zu präzisieren. Beide stellen Postulate auf (wie Bedarfsdeckung als Ziel der Wirtschaft, genossenschaftliche Organisation, machtverteilendes Prinzip, Mitbestimmung, Teilsozialisierung, staatliche Wirtschaftskontrolle), ohne konkrete Anleitungen zum politischen Handeln zu bieten. Die Organismus-, Gemeinwohl- und Ordnungsvorstellungen eigneten sich in der vorgebrachten abstrakten, weit auslegbaren Form kaum zur praktischen Bewältigung der Nachkriegsprobleme und dienten hauptsächlich als allgemeine Grundorientierungen in der ungeheuren materiellen und geistigen Notsituation. Und dort, wo sie konkretere Formen annahmen – wie etwa in Plänen zur Teilsozialisierung –, erwiesen sie sich als sehr zeitgebunden und revisionsbedürftig.

Die Grundsätze freilich, die er in seiner Schrift „Was nun?" 1945 entfaltete, verdienen bis heute Beachtung. In diesem programmatischen Urtext der CDU werden von Welty die Personwürde des Menschen und seine Rechte, besonders das Recht auf Leben (es gibt kein „lebensunwertes Leben"), sehr überzeugend dargelegt. Hervorgehoben werden ferner die rechtsstaatliche Ordnung auf dem Boden des Naturrechts, die vorstaatlichen Rechte der Familie, das Erziehungsrecht der Eltern, das Recht auf Arbeit, die Freiheit des Gewissens und der Religion und das Recht auf Privateigentum in Gemeinwohlbindung.

Das Walberger Kloster diente nach dem Krieg als Tagungsort für kirchliche, gewerkschaftliche und politische Gruppierungen, die sich Gedanken über die Grundlagen der neu zu bildenden Verfassung und Sozialordnung machten. Welty organisierte ein Erwachsenenbildungswerk, das wohl als erstes nach 1945 in Westdeutschland sozialethische Lehrgänge und Informationskurse veranstaltete. Bemerkenswert an diesem „Walberger Institut" war vor allem die ökumenische Aufgeschlossenheit und die überparteiliche Einstellung. 1951 gründete Welty – in Zusammenarbeit mit christlichen Politikern und Unternehmern – das „Institut für Gesellschaftswissenschaften Walberberg e. V." Zwar stand er den CDU-Sozialausschüssen besonders nahe und gehörte ihrem „Königswinterer Kreis" an, doch wurde sein Rat auch von prominenten Sozialdemokraten wie Kurt Schumacher, Erich Ollenhauer und Wilhelm Mellies geschätzt. Welty spielte eine wichtige Rolle als Verbindungsmann der Kirche zur SPD und nahm an den Beratungen ihres „Godesberger Programms" (1959) teil, in dem sich die SPD vom Marxismus lossagte.

Als Sprachrohr und Diskussionsforum für die Arbeit beider Walberger Institute galt „Die Neue Ordnung. Zeitschrift für Religion, Kultur, Gesellschaft", die Welty bis zu seinem Tode leitete. Sein Nachfolger in der Redaktionsleitung der „Neuen Ordnung" wurde Edgar Nawroth, ein enger Mitarbeiter Weltys, der in Fribourg bei Arthur F. Utz studiert hatte. Die Nachfolge in der Leitung des „Instituts für Gesellschaftswissenschaften Walberberg e. V." übernahm Arthur F. Utz., der zunächst Nawroth als seinen Geschäftsführer einsetzte.

Dieser hatte eine philosophische, von Utz betreute Doktorarbeit über „Die Sozial- und Wirtschaftsphilosophie des Neoliberalismus" (1961) verfaßt. Das Thema dürfte inzwischen ein neues Interesse für die CDU erlangt haben, aber

Programmdebatten waren in dieser stets theoriemüden Partei nie beliebt. Bis heute wartet man weithin vergebens auf eine schlüssige „neoliberale" Antwort auf die klassische Frage: Wie läßt sich ökonomische Freiheit zugleich begründen und begrenzen?

Basilius Streithofen

Als Nachfolger Nawroths in der Geschäftsführung des „Instituts für Gesellschaftswissenschaften Walberberg" wurde 1967 Pater Basilius Streithofen OP eingesetzt. Am 25. Dezember 1925 in Hüls (bei Krefeld am Niederrhein) geboren, verlor er früh seinen Vater. Zu seiner Verwandtschaft gehörten Zeitungsverleger und Politiker, die sein starkes politisches Interesse geweckt haben mögen. Nach einer Lehre als Textilkaufmann diente er im Zweiten Weltkrieg als Fallschirmjäger. Anschließend besuchte er das Gymnasium und trat nach dem Abitur in den Dominikanerorden ein. Er studierte in Walberberg und wurde schon früh ein Mitarbeiter Weltys. Vom Konvent in Düsseldorf aus engagierte er sich seelsorglich (als Beichtvater und Prediger), politisch (vor allem in der rheinischen CDU), journalistisch (er war Mitbegründer der rheinischen Gruppe katholischer Publizisten) und gewerkschaftlich. Sein Engagement für die „Christlichen Gewerkschaften" brachte ihn jedoch in einen Konflikt mit Welty, der Befürworter der Einheitsgewerkschaften (DGB) war.

Deshalb wurde Streithofen 1962 nach Fribourg versetzt und begann bei Utz mit einem Promotionsstudium, das neben der Sozialethik auch Volkswirtschaft umfaßte. Das Thema seiner Dissertation: „Wertmaßstäbe der Gewerkschaftspolitik" (1967). Auch während seines Studienaufenthaltes in Fribourg wirkte Streithofen politisch und journalistisch. Sein bester Freund damals war Willi Weiskirch, der spätere Sprecher der CDU und Wehrbeauftragte des Bundestags.

Pater Basilius war ein tüchtiger Organisator mit einflußreichen Verbindungen, und so setzte ihn Utz 1967 als Geschäftsführer des Instituts in Walberberg ein. Streithofen setzte die Arbeit von Welty und Utz in einem eher praktischen Sinne fort. Vor allem wirkte er als Publizist, Organisator von Symposien und als politischer Berater der CDU. Durch seine Freundschaft mit Bruno Heck, dem Bundesminister und Generalsekretär der CDU, gewann er in den 70er Jahren auch Einfluß auf die CDU-Programmatik, besonders auf die Personalpolitik dieser Partei. Der „Spiegel" ernannte den „Mönch Basilius" damals zum „heimlichen Generalsekretär" der CDU. Besonders setzte er sich für Helmut Kohl ein und förderte dessen Karriere zum Bundeskanzler. Im Kloster Walberberg versammelte der Pater die Gegner von Rainer Barzel und die Kohl-Sympathisanten um sich, um dem rheinland-pfälzischen Ministerpräsidenten den Weg zur Spitze der CDU zu ebnen.

Durch seine ständige Medienpräsenz und -wirksamkeit gewann Pater Basilius, der kirchlich wie politisch eher als „konservativ" galt, das Ansehen eines „streitbaren Paters". 1983 übernahm Streithofen die Redaktionsleitung der „Neuen Ordnung" und rettete sie damit vor dem Untergang. Zu dieser Zeit erschien in dieser Zeitschrift auch ein Artikel von Bundeskanzler Kohl, der eine „geistig-moralische Wende" für die Bundesrepublik forderte.

Im „Orwell-Jahr" 1984 mußte das Institut von Walberberg nach Bonn verlagert werden, und Pater Streithofen wohnte und arbeitete seitdem in der damaligen Bundeshauptstadt, mitten im Regierungsviertel. Von dort aus wirkte er weiter als begnadeter Netzwerker und Strippenzieher. Zum zweiten Mal war er „versetzt" worden und nutzte die Niederlage. 1994 übernahm er von Arthur F. Utz – nicht ohne Streit –

den Vorsitz des „Instituts für Gesellschaftswissenschaften Walberberg". Mit dem Regierungs- und Hauptstadtwechsel von Bonn nach Berlin waren seine Wirkmöglichkeiten aber erheblich eingeschränkt.

Nicht immer wählerisch in der Wortwahl trat er gerne in die Fettnäpfe der *political correctness*. Pater Streithofen starb am 5. Dezember 2006 in Bonn. Er fehlt einem sehr, vor allem als anregend provozierender Streitpartner. Einige pikierte Zeitgenossen hielten ihn für einen bloßen Polemiker – und verkannten dabei die erkenntnisfördernde Wirkung der Polemik, des fröhlichen Kampfes, des spielerischen Streits. Jedenfalls hat er mit seiner Kunst der Vereinfachung und Zuspitzung keinen gleichgültig gelassen oder gar gelangweilt. Der CDU, der er leidenschaftlich verbunden war, fehlt heute so ein anregend-aufregender Kerl.

Vielfach geschätzt wurde er als vertrauter Ratgeber und, meist unbemerkt, auch als Seelsorger und verläßlicher Freund, der vielen notleidenden Menschen – über Konfessions- und Parteigrenzen hinweg – geholfen hat. Über vieles Bedrückende und Bedrohliche konnte er sich hinwegsetzen, und sein Humor hat viele Mutlose aufgerichtet und Verzweifelte getröstet. Aber Beichtvater von Helmut Kohl ist er nie gewesen, nicht einmal Berater, aber wenigstens verschwiegener Freund.

In Kirche und Politik gehörte er zu jener, inzwischen fast ausgestorbenen Gattung der „starken Persönlichkeiten". Hätte er eine schonungslose Autobiographie hinterlassen, die über das harmlos Anekdotische hinaus auch das vertraulich-politische Nähkästchen geöffnet hätte, wären ihm einige posthume Schlagzeilen sicher gewesen. Aber darauf hat er, der einfach zuviel wußte, bewußt verzichtet. Dafür schulden ihm Dank gerade jene, die sich von ihm distanzierten. Vielleicht war er einer der letzten profilierten Vertreter eines „politischen Katholizismus" in Deutschland.

Von Konrad Adenauer zu Helmut Kohl

Im Unterschied zur SPD hat sich die CDU nie als eine Programmpartei verstanden. Ihr bürgerlich-mittelständischer Charakter war den intellektuellen Debatten um Prinzipien und Werte nicht gerade gewogen. In Zeiten des Aufbaus hatte eine Regierungspartei auch andere Sorgen, als politische Strategiepläne zu entwerfen. In programmatischer Hinsicht verließ man sich auf bewährte Traditionen, auf kirchlich überlieferte christliche Werte – und auf die Erfahrung von Erfolgen, die einem recht zu geben verhießen. Die CDU setzte von Anfang an auf überzeugende, führungsstarke Persönlichkeiten. Und so gewann sie mit Adenauer, Erhard und Kohl, die das jeweilige Parteiprogramm symbolisch verkörperten, eher den Charakter einer Kanzlerpartei.

Wobei man sich schon darauf verlassen konnte, daß die Kanzler in ihrer praktischen Politik Konzepte erkennen ließen, die sich mit den Werttraditionen ihrer Partei vereinbaren ließen. Insofern waren sie „Wertkonservative", die das Bewährte zu bewahren hatten. Dafür sorgten schon die Erwartungen einer treuen christlichen Stammwählerschaft sowie die Kirche, die in ihren zahlreichen Verbänden ein vorzügliches Rekrutierungsfeld für den Partei- und Führungsnachwuchs bildete. Wie die SPD auf die DGB-Gewerkschaften, so konnte sich die CDU auf die Kirche verlassen. Auf die katholische wohlgemerkt. Bei den Protestanten lagen die Dinge etwas anders. Sie für die Partei zu gewinnen, war aus geschichtlichen und programmatischen Gründen schwierig. Weshalb 1952 eigens ein „Evangelischer Arbeitskreis" gegründet wurde, der die politische Karriere vieler evangelischer Christen förderte (u. a. Gerhard Schröder (der Außenminister), Roman Herzog, Peter Hintze, Angela Merkel).

Der Idee, einen „Katholischen Arbeitskreis" zu bilden, ist bis heute keiner nachgekommen. Zu selbstverständlich war die Dominanz der Katholiken, die in ihrer Soziallehre auch eine normative Vorlage für das CDU-Parteiprogramm zu haben glaubten. Aber schon mit der 1949 vollzogenen programmatischen Wende vom „Ahlener Programm" zu den „Düsseldorfer Leitsätzen" bewies die CDU eine ungeahnte pragmatische Lernfähigkeit. Ihre Öffnung für wirtschaftsliberal-protestantische Positionen, wie sie von der „Freiburger Schule" der Ordo-Liberalen vorgezeichnet und von Ludwig Erhard aufgegriffen wurden, brachte die Partei allerdings in Erklärungsnöte. Wie ließ sich das neue Konzept der Sozialen Marktwirtschaft mit der Katholischen Soziallehre vereinbaren? Ganz einfach: durch die praktisch erfolgreiche Politik Erhards, des Wirtschaftsministers. Ihm gaben der Erfolg, die öffentliche Zustimmung und schließlich auch die Sozialausschüsse recht.

Eine theoretisch einwandfreie Synthese von Katholischer Soziallehre und Sozialer Marktwirtschaft zu leisten, lag nicht im vorrangigen Interesse der Partei und war nicht einmal ihre Aufgabe. Daran hatten sich Sozialethiker wie Joseph Höffner abzuarbeiten. Hauptsache, daß die neue Wirtschaftspolitik in der Praxis erfolgreich funktionierte. Die Spannung zwischen dem Sozialen und der Marktwirtschaft blieb uns bis heute erhalten. Damals wurde sie idealtypisch verkörpert durch das Gespann Adenauer-Erhard. Und sie erwies sich als eine fruchtbare Spannung.

Weder Adenauer noch Erhard hatten ein großes Interesse an einer programmatischen Festlegung ihrer Politik. Jedenfalls erscheint ihre politische Praxis nicht als die nachträgliche Anwendung einer vorgegebenen Theorie. So wirken die unter ihrem Einfluß entstandenen Parteiprogramme eher wie nachgezogene Legitimationen ihrer Politik. Auf die Glaubwürdigkeit der sie führenden Personen kam es also der CDU in besonderer Weise an. Das Vertrauen, das man ihnen entgegenbrachte, speiste sich freilich zu einem großen Teil aus der religiös-moralischen Geradlinigkeit eben dieser Personen. Und da spielte es nicht einmal eine Rolle, ob Ludwig Erhard formal Mitglied der Partei war, die er als Nachfolger Adenauers für kurze Zeit leitete. Ihre pragmatisch-personenbezogene Ausrichtung bewahrte die Partei vor ideologischer Engführung und ermöglichte lange Zeit einen breiten Pluralismus bei gleichzeitiger Konsensfähigkeit. Diese identitätsstiftende Konsensfähigkeit scheint die CDU in dem Maße einzubüßen, wie ihr das politische Personal fehlt, das die Partei in ihrer christlichen Substanz repräsentiert. Und das auch die überzeugenden Führungskräfte aufbietet, die miteinander rivalisierenden Flügel der Partei und ihrer Wählerschaft zu integrieren.

Dieser Grundzug macht eine Partei natürlich besonders anfällig für Affären und Skandale, die sich immer an Personen entzünden. Affären und Skandale bilden aber nur pikante Fußnoten im Buch der Geschichte. In diesem Buch bleiben mehrere Ruhmesblätter für Konrad Adenauer und Helmut Kohl reserviert. Beide Persönlichkeiten ließen bei allem Pragmatismus und Machtbewußtsein immer noch klar orientierte Grundsätze in Anspruch und Praxis erkennen. In große Schwierigkeiten gerät eine C-Partei, wenn ihr Programm vom „C" entkernt und schwammig wird – und wenn es zudem von einer Führung repräsentiert wird, die wankelmütig erscheint.

Konrad Adenauer, der Gründervater

Von Konrad Adenauer (1876–1967) wurde in meinem Elternhaus, im rheinisch-katholischen Milieu, das mich prägte, nur mit großer Hochschätzung, fast Ehrfurcht gesprochen.

In Bad Honnef geboren, wuchs ich sozusagen in seiner Nachbarschaft auf. Man sah ihn, den alten aufrechten Herrn, beim sonntäglichen Kirchgang. Täglich setzte er mit der Fähre über den Rhein und fuhr nach Bonn in den Dienst. Er hatte dafür gesorgt, daß die kleine Beamten- und Universitätsstadt, wenn auch provisorisch, zur Bundeshauptstadt erklärt wurde. Dort entstand vor 60 Jahren unter der Federführung Adenauers das Grundgesetz. Vor dem Lichthof des „Museum Koenig", in dem die Beratungen stattfanden, steht in goldenen Lettern: „O Jehovah, quam ampla sunt tua opera!" (O Gott, wie groß sind deine Werke!)

Sonst ist man in diesem Museum bis heute umgeben von ausgestopften Tieren und den Skeletten der Dinosaurier. Einige linke Kritiker haben das symbolisch gedeutet: Als ob die Adenauer-Ära eine Zeit der Restauration längst versunkener Vergangenheit gewesen sei. Das genaue Gegenteil war der Fall. Adenauer hat wie kaum ein anderer Staatsmann bewiesen, wie revolutionär ein Konservativer sein kann. Dagegen verweist man gerne auf den Slogan des Bundestagswahlkampfs von 1957: „Keine Experimente!" Damit erreichte Adenauer die absolute Mehrheit. Als Zehnjähriger hatte ich mich am Wahlkampf beteiligt und Plakate geklebt, sogar selber entworfen. Hauptsache, es reimte sich. Als eine Zeit lebhafter, leidenschaftlicher Auseinandersetzung sind mir die 50er Jahre in Erinnerung geblieben. Sehr lustig überdies, zwischen Ludwig Erhard und Heinz Erhardt aufzuwachsen.

Zehn Jahre nach dem Regierungswechsel von Bonn nach Berlin rührt sich eine geheime Sehnsucht nach der guten alten Zeit der „Bonner Republik". Gut 50 Jahre lang hat das von Adenauer gegründete Provisorium gedauert. Der westdeutsch dominierte Staat der Bundesrepublik hat für Frieden, Wohlstand, Freiheit und soziale Gerechtigkeit gesorgt so gut es ging, und es ging gut. Die Soziale Marktwirtschaft –

Michel Albert nannte sie den „rheinischen Kapitalismus" –
stand für sozialen Ausgleich, Kompromiß, Subsidiarität, auch
für Katholizismus. Das Rheinische dieser Republik enthielt
eine fast mediterrane Gelassenheit, die zum Klüngel neigt:
„Wir kennen uns, wir helfen uns" – „et kütt wie et kütt –
und et hät noch immer jod jejange".
Adenauer hatte immer das Gefühl, mit Berlin Heiden-
land zu betreten. Deshalb blieb er lieber am Rhein. Aber
frömmlerisch war nicht, sondern katholisch auf rheinische
Art. Immerhin konnte sich der „Alte" einen „gesunden An-
tiklerikalismus" leisten: Von den Prälaten ließ er sich nichts
vorschreiben, wenn er sich auch geschickt ihrer Loyalität
versicherte. Auch nach Rom in den Vatikan fuhr er nicht
gerne, er wollte schließlich nicht seinen eigenen Glauben
gefährden. Doch das, was sich seine Urenkelin Angela Merkel dem Papst gegenüber herausnahm, wäre ihm nie in den
Sinn gekommen.

Adenauers Biographie ist hinreichend bekannt, sie wurde
inzwischen zum Mythos, woran auch die zahlreichen An-
ekdoten mitwirkten, die schon früh über ihn kursierten.
Unbestritten sind seine Verdienste um den demokratischen Neubeginn der Bundesrepublik, ihre Einbindung in
die westeuropäische Wertegemeinschaft, ihre Anbindung
an Frankreich und die Vereinigten Staaten. Dies alles auf
dem Hintergrund einer leidgeprägten Erfahrung mit totalitären Regimen. Nach der Überwindung des Nazi-Desasters
ging es um die Bewahrung der Bundesrepublik vor einer
atheistisch-kommunistischen Diktatur, die als reale Gefahr
aus dem Osten Deutschlands und Europas drohte.

Im Innern der Bundesrepublik sorgte Adenauer für politische Stabilität, ökonomischen Wohlstand und sozialge-
rechten Ausgleich. Die soziale Sicherheit, die er mit einem
weitgespannten Netz von Sozialversicherungen zu garantieren versuchte, hat sich freilich an manchen Stellen nicht als

tragfähig erwiesen. Der Sozialstaat kann nicht mehr das bleiben, was er früher einmal war, wenn sich seine moralischen Grundlagen und seine empirischen Voraussetzungen bis zur Unkenntlichkeit verändert haben.

Die wohlmeinenden katholischen Sozialpolitiker der 50er Jahre durften noch darauf vertrauen, daß die Leute „von alleine" Kinder genug kriegten (Adenauer), damit diese nach dem Umlageverfahren später die Renten für die ältere Generation aufbrächten. Dieser Generationenvertrag stellte sich freilich als eine Fiktion heraus. Mit der Einführung der „dynamischen Rente" 1955 hatte man es versäumt, entsprechend dem von Wilfrid Schreiber und Joseph Höffner innerhalb des Bundes Katholischer Unternehmer (BKU) entworfenen Plan vom Drei-Generationen-Vertrag eben auch die erste Generation, also die Kinder, in der Beitragsbemessung zu berücksichtigen. Man hatte also die Rechnung ohne den künftigen Wirt gemacht und auf eine Solidarität gebaut, die nicht auf Gegenseitigkeit beruht.

Leider hat Adenauer nicht auf den Rat der BKU-Fachleute gehört. So wurde den kinderreichen Familien die Hauptlast der Altersversorgung aufgebürdet, während die kinderlosen Ehepaare und Singles sozialpolitisch prämiert wurden. Natürlich ist die demographische Entwicklung der Bundesrepublik zum Altenheim nicht nur Folge einer verfehlten Sozialpolitik, sondern hängt auch mit einer Mentalität und ökonomischen Rationalität zusammen, die im Kontext der modernen Emanzipations- und Individualisierungstendenzen zu bewerten ist.

Die wohlmeinenden katholischen Sozialpolitiker der fünfziger Jahre haben auch noch darauf vertraut, daß die Kinder im Geist der Solidaritätspflicht und Opferbereitschaft erzogen würden. Der moderne Fortschritt bescherte uns jedoch einen „Wertewandel" von den sozialen Pflichtwerten zu den individuellen Selbstverwirklichungswerten. Dieser Wandel, der sich auch als hedonistischer *lifestyle* zu erkennen gibt, wäre freilich nicht möglich gewesen ohne eine Sozialpolitik, die immer mehr Versorgungsansprüche einzulösen verhieß. Individualismus, Hedonismus und Anspruchsdenken sind nicht nur die verdorbenen Früchte des Versorgungsstaats, sondern zugleich auch dessen Zerstörungsfaktoren. Dagegen konnte auch Helmut Kohl nichts ausrichten.

Helmut Kohl, der Bürgerkanzler

25 Jahre hat er die CDU, 16 Jahre das Land regiert. Dabei hat er tiefe Spuren gezogen, die nur vorübergehend verweht werden können. Weltweit geachtet und geehrt wie kaum ein anderer Deutscher im 20. Jahrhundert – außer Adenauer – ist Helmut Kohl schon jetzt in die Geschichte der bedeutenden Staatsmänner eingegangen. Das hohe Denkmal hat freilich bei seinem Abgang einen „Aufstand der Zwerge" provoziert. Es hat einige Risse bekommen und wurde von einem Parteispendenskandal überschattet, der einige Zeitgenossen ermunterte, das Lebenswerk nachträglich zu demolieren.

Aus welchem Stoff war der Skandal, in den Kohl verwickelt war? Aus rechtlicher Sicht war der Tatbestand geringfügig, auf der Ebene von Ordnungswidrigkeiten abzuhandeln. Alarmiert zeigte sich die Öffentlichkeit jedoch, weil sie sich von bestimmten „moralischen" Bewertungen leiten ließ, die stark von parteipolitischen Machtinteressen geprägt waren. So versuchte man, Kohls Weigerung, die Namen seiner Spender preiszugeben, mit Verfassungsbruch und Korruption gleichsetzen. Aber Kohl war nicht käuflich.

Der Politik näherte er sich schon auf Kindesbeinen. In seinem katholischen Elternhaus und durch den Dekan Johannes Fink wurde sein politisches Problem- und Wertbewußtsein geweckt. Er wuchs mit dem Programm eines politischen Katholizismus auf, der sich in der CDU ökumenisch öffnete und in Adenauer politisch wirksam wurde. In seinen Erinnerungen beschreibt Helmut Kohl die Bedeutung des Christlichen für seine Politik zutreffend: „Für mich war das ‚C' Anspruch in erster Linie an uns selbst: Wir gestalteten Politik aus unserem Verständnis vom Menschen als Geschöpf Gottes – wohlwissend, daß wir diesem Anspruch nicht immer gerecht werden konnten. Wir gestalteten Politik aus christlicher Verantwortung. Ich weiß, wie schwer dies zu vermitteln war in einem Land, in dem der Prozeß der Säkularisierung tiefe Spuren hinterlassen hatte. Der christliche Glaube aber gab uns mit seinem Verständnis vom Menschen eine ethische Grundlage für eine verantwortliche Politik. Auf dieser Grundlage war gemeinsames Handeln von Christen und Nichtchristen möglich."

Für die CDU begann die „Ära Kohl" 1973, als Barzel vom Partei- und Fraktionsvorsitz zurücktrat, das heißt von Kohl verdrängt und beerbt wurde. Auch seine späteren Konkurrenten hat er alle „weggebissen". Als machtbewußter Realpolitiker erwies sich Kohl. Als machtverachtender Moralist hätte er sich nicht lange halten können.

Für die Bundesrepublik begann die „Ära Kohl", als er 1982 durch ein konstruktives Mißtrauensvotum zum Kanzler gewählt wurde und Helmut Schmidt ablöste. Die Wende wurde zunächst im Regierungsstil sichtbar. Das feierliche Gehabe staatlicher Repräsentation war seine Sache nicht. „Politik im Wollpullover" lockerte die gestelzte Staatswürde auf, näherte sie dem bürgerlichen Milieu an. Auf eine sehr persönliche Weise betrieb er Partei- und Staatspolitik. Als besondere Stärke erwies sich dabei seine Fähigkeit, Freundschaftsbeziehungen zu knüpfen, wenn diese auch oft nur einem strategischen Zweck dienten.

Schon früh geriet er in die Karikatur. Man witzelte gern über die „Birne" und spielte dabei auf seine manchmal hausbacken oder kleinbürgerlich wirkende Art an, auf seine Rhetorik, Gestik und Mimik. Das pfälzische Lokalkolorit, Saumagen inbegriffen, ließ ihn nicht los. Doch langsam lernten ihn die Leute schätzen, gerade die einfachen, und „Birne" wurde zum sympathischen Spitznamen.

Er sei ein Generalist, der die Details nicht kenne, ein „Aussitzer" gar mit geringem Entscheidungs- und Durchsetzungsvermögen. Auch dieser Vorwurf der Führungsschwäche ließ sich nicht lange halten. Später hörte man in entgegengesetzter Übertreibung vom „System Kohl", es sei von einem geradezu patriarchalischen Führungsstil feudalistisch geprägt gewesen. Allerdings war die Macht Kohls auch in „seiner" Partei nie so groß, daß er sich über die selbstbewußten Landesverbände einfach hätte hinwegsetzen können. Sie ließen sich auch von Kohl keinen Bundestagskandidaten aufzwingen.

Der „Enkel" Adenauers setzte dessen Werk erfolgreich fort. Die europäische Einigung erhielt kräftige Anstöße in Richtung auf eine wirtschaftliche und politische Integration. Dabei sorgte Kohl für die vertragliche Verankerung des Subsidiaritätsprinzips, das sich als kritisches Prinzip jedoch erst noch bewähren muß. Umstritten war die Frage der gemeinsamen Währung. Aber die befürchtete Schwäche des Euro ist heute kein Thema mehr.

Und dann kam die deutsche Wiedervereinigung. Sie fiel Kohl nicht vom Himmel in den Schoß, sondern mußte geschickt eingefädelt und beherzt angegangen werden, gegen zahlreiche Widerstände. Die deutsche Einheit wird mit seinem Namen aufs engste verbunden bleiben. „Blühende Landschaften" verhieß Kohl – und sie entwickelten sich prächtig. Die damit verbundene hohe Staatsverschuldung wird man unter dem Aspekt einer produktiven Investition verkraften müssen.

Allerdings konnte Kohl eine „geistig-moralische Wende" – zur Neutralisierung der Folgen der 68er Kulturrevolution –

nicht herbeiführen. Das war auch nicht seines Amtes. Vielmehr hatten ihn die Spätachtundsechziger, die in der SPD das Gewand der „neuen Mitte" anlegten, überholt und waren in der Koalitionsregierung Schröder-Fischer an die Macht gelangt, ohne freilich den großen Spuren Kohls entrinnen und sein Lebenswerk revidieren zu können. Daß die „geistig-moralische Wende" unter dem damals wie heute vorherrschenden mediengestützten Zeitgeist nicht gelingen konnte, beweisen vor allem die Minderungen des rechtlichen Lebensschutzes, die sich unter der Regierung Kohl ereigneten. Eine den rechtlichen Lebensschutz überwältigende Mehrheit des Parlaments setzte die Fristenlösung mit Pflichtberatung durch. Für die ungeborenen Kinder bleibt der 29. Juni 1995 ein schwarzer Tag. Nicht daß mit diesem Datum das Unheil erst begonnen hätte. Sichtbar änderte sich nicht viel. Aber der unterschwellig schleichende Verfall des Rechtsstaates beschleunigte sich. Im Gefolge der Wiedervereinigung und auf Druck der FDP einigte man sich auf eine „Beratungslösung", mit der nicht mehr die Abtreibung, sondern die unterlassene Beratung unter Strafe gestellt wurde. Leider hat hierbei die katholische Kirche in Deutschland keine rühmliche Rolle gespielt. Von der Bischofskonferenz gingen positive Signale für diese Reform aus, die Kohl ein ruhiges Gewissen verschafften. Die Kirche war selber mit ihrer „Donum vitae"-Organisation in das Beratungssystem verstrickt. Und es bedurfte eindringlich beschwörender Briefe von Johannes Paul II., bevor die schwerhörigen Bischöfe aus diesem System ausstiegen.

Auch in sozialpolitischer Hinsicht wies diese Regierung erhebliche Defizite auf, obwohl man den Mangel an rechtlichem Lebensschutz durch kinderfreundliche Sozialpolitik kompensieren wollte. Aber der verkrustete Sozialstaat wurde konserviert, vor allem durch Norbert Blüm. Ihm gelang es lediglich, die Zahl der Kinder im Rentensystem stärker zu berücksichtigen und 1995 die Pflegeversicherung einzuführen. Aber die Familien können noch lange auf den Schutz warten, den ihnen das Grundgesetz garantiert. Die Soziale Marktwirtschaft bedarf inzwischen eines erneuerten Wertfundaments, um mit den Ordnungsproblemen der Globalisierung fertigzuwerden.

Was bleibt von Kohl und seiner Zeit? Nichts Endgültiges gibt es in der Geschichte. Aber Kohl gelangen einige entscheidende, nachhaltig wirkende Weichenstellungen, an denen keiner seiner Nachfolger vorbeikommen wird. Er war vor allem ein großer Kommunikator, der auf die „normalen" Bürger, deren Sprache und Mentalität er kannte, mehr hörte als auf die Intellektuellen und die Medien. Den „Vollbluterotiker der Macht", wie ihn Pater Basilius Streithofen nannte, lernten vor allem die Insider kennen. Jedenfalls gelang ihm das „Bohren dicker Bretter", das nach Max Weber den Berufspolitiker auszeichnet. Und pragmatisch wie er war, beherzigte er das Bismarcksche Votum für eine Politik als „Kunst des Möglichen", die nicht in Utopien entweicht.

Seine Verdienste um die deutsche Einheit und die europäische Einigung lassen eine Nachwirkung erwarten, die man noch in Jahrhunderten wahrnehmen wird. Und spätere Generationen, wenn sie denn geboren werden, werden sich an die Kohl-Ära wie an eine „gute alte Zeit" erinnern.

Von Bonn nach Berlin

Nostalgische Schwärmereien helfen der CDU allerdings nicht weiter. Die realen Bedingungen, unter denen sie sich jetzt neu zu bewähren hat, sind von ihr selber mitgeschaffen worden. Für die Zukunft der CDU im Wechsel von der „Bonner" zur „Berliner Republik" muß man nicht unbedingt schwarzsehen. Aber eine rapide Abnahme von rheinischer

Gelassenheit, von Toleranz und Humor war schon 1999, dem Jahr des Umzugs, zu befürchten. Im Berliner Hexenkessel gedeihen Hektik, Hysterie und sterile Aufgeregtheit besser als im rheinisch-katholischen Klima.

Die Defizite dieser „Bonner" gehen nun auf die „Berliner Republik" über, zuzüglich einiger Geschichtshypotheken, die auf Berlin lasten und wie eine üble Mileuschädigung nachwirken. Lothar de Maizière sagte vor 20 Jahren voraus, durch die Einheit werde Deutschland „nördlicher, östlicher und protestantischer". Durch die Wiedervereinigung wurde die Bundesrepublik tatsächlich ein wenig protestantischer, warum nicht? Sie wurde vor allem aber heidnischer. „Berlin" ist freilich eine topographische Bezeichnung mit hohem traditionellen Symbolwert. In ihr findet sich die Assoziation mit preußischem Militarismus, Zentralismus, Wilhelminismus, Nationalismus, National- und DDR-Sozialismus. All das klebt nachhaltig an Berlin und seinen Bewohnern, die freilich nichts dafür können. Auch dafür nichts, daß sie nun aufgrund höherer Gewalt eine Hauptstadtrolle spielen sollen, die zunächst ganz auf Vergangenheitsbewältigung einstudiert ist.

In der Preußenstadt wird nicht mehr exerziert, sondern exorziert. Die magische Verbannung böser Geister, die schon längst kapituliert haben, tobte sich zunächst auf dem Gebiet der Sprachverrenkung aus. Der Reichstag, in dem der Bundestag tagt, sollte plötzlich „Plenarbereich Reichstagsgebäude" heißen, damit die seit 1945 allgemein bekannte Tatsache, daß der Reichstag keine Institution, sondern nur mehr ein Gebäude darstellt, bis zum Überdruß eingehämmert, auch tatsächlich allgemein bekannt bleibe. Dieser ominöse Reichs- und Bundestag enthält einen Andachtsraum, in welchem exorzistische Übungen stattgefunden haben. Jedenfalls hat man dort jede christliche Symbolik vertrieben, das Kreuz in einen Schrank verbannt, während jüdische Abgeordnete vor einer Klagemauer beten und muslimische dem Hinweis Richtung Mekka folgen können. Mit der CSU konnte man dies als ein böses Omen für die „Berliner Republik" werten, die sich von der preußischen Toleranztradition zu entfernen scheint. Fridericus Rex, für den jeder nach seiner eigenen Façon selig werden sollte, hatte den Berliner Katholiken wenigstens noch das Bauholz für eine Kathedrale spendiert. Die gegenwärtig lokal herrschende rot-rote Politikerelite hält das Christentum wohl für den bösen Geist deutscher Geschichte, weshalb sie die Einführung des konfessionellen Religionsunterrichts zu verhindern sucht. Was nun die übrige politische Kultur und Moral der „Berliner Republik" betrifft, sollte diese natürlich aus den Fehlern der „Weimarer", die in Berlin scheiterte, lernen. Aber diese Lektion hatten bereits die „Bonner" nicht ganz kapiert: 1. Massenarbeitslosigkeit und Wirtschaftsmisere führen zu einem Legitimitäts- und Autoritätsverlust des demokratischen Staats. 2. Eine Demokratie, die nur formal als Mehrheitsregel gilt, hebt sich selber auf, wenn sie von der Mehrheit nicht mehr gewollt ist. 3. Über Grundrechte und -werte der Verfassung gibt es keinen inhaltlichen Konsens mehr. Ein extremer Pluralismus läßt keinen allgemeinen Sinnzusammenhang mehr erkennen. Die Demokratie erscheint als sinnlos, wenn sie sich nur noch im Machtkampf der Interessen darstellt. 4. Wenn Demokratie, wie Bert Brecht sagte, „auf der Straße" stattfindet und nicht mehr im rationalen Diskurs, führt der Straßenkampf zum öffentlichen Chaos, das den Ruf nach polizeistaatlicher Ordnung provoziert.

Nun ist eine nihilistische Demonstrantentruppe in Berlin leichter mobilisierbar als in Bonn. Um so dringlicher ist es, sich auf bewährte christlich-kulturelle Wertbestände zu verständigen. Auch die sogenannten preußischen Sekundärtugenden gehören dazu: Ordnung und Fleiß et cetera. Ein guter Schuß Preußentum, wenn er nicht gerade aus einem Gewehrlauf kommt, wird auch einem kolonisierten Rheinländer Respekt einflößen. Vor allem könnten die rot-rotgrünen Bohemiens etwas mehr Disziplin vertragen. Die Politik Adenauers (Westintegration) und Kohls (Wiedervereinigung) haben überhaupt die „Berliner Republik" möglich gemacht. Angela Merkel repräsentiert nun als Bundeskanzlerin diese Republik und zugleich als Parteivorsitzende die CDU. Kann das gutgehen? Helmut Kohl hat sich sehr um „sein Mädchen" gekümmert und ihr eine große Karriere eröffnet. Aber was weiß sie von der CDU, was hält sie von der christlichen Substanz dieser Partei?

Angela Merkel im Widerspruch

„Sie betet fast täglich", weiß Prälat Karl Jüsten, der das Katholische Büro in Berlin leitet. „Aber sie betet nicht für konkrete politische Inhalte. Das fände sie blasphemisch", teilte Volker Resing der „Frankfurter Allgemeinen Zeitung" am 12. März 2009 mit. Resing hat kürzlich ein Buch geschrieben über „Angela Merkel – Die Protestantin". Ohne freilich „zu diesem Thema" mit Frau Merkel gesprochen zu haben. Denn für sie sei der Glaube eine „zutiefst persönliche und individuelle" Angelegenheit. Demnach scheint der Glaube nichts mit politischen Inhalten zu tun zu haben. In der Tat hat der Inhalt des christlichen Glaubens nichts mit Abtreibung, nichts mit dem Import embryonaler Stammzellen und auch nichts mit der Homo-Ehe zu tun.

Eine CDU-Bundeskanzlerin muß sich nicht als tägliche Beterin „outen", um als eine CDU-Bundeskanzlerin akzeptiert zu werden, die noch gewisse verbindliche Inhalte mit dem „C" verbindet. Auch muß sie nicht den Nachweis führen, aus einem christlichen Elternhaus und Milieu hervorgegangen zu sein. Daß ihr Vater, der evangelische Pastor Horst Kasner aus Templin, zu DDR-Zeiten „knallrot" gewesen sein soll, dafür kann Frau Merkel wirklich nichts. Gerade für eine christliche Partei verbietet sich ja jede Sippenhaftung.

Frau Merkel überdies nachzutragen, sie habe als linientreue Kommunistin und FDJ-Sekretärin (für Agitation und Propaganda) wissenschaftliche Karriere gemacht, wärmt Jugendsünden auf, die man verzeihen sollte, und deren sich andere CDU-Größen aus früheren Zeiten viel eher hätten schämen müssen. Ihre Ehescheidung und Wiederverheiratung zu kritisieren, sagt zwar etwas über ihre persönliche (protestantisch gefärbte) Einstellung zur Institution der Ehe aus, aber kaum etwas über ihre Fähigkeit als Bundeskanzlerin und Parteivorsitzende. Eine Ehescheidung kann kein Grund mehr sein, einer Politikerin zu mißtrauen. Das kommt heute leider in den besten Familien vor, auch in katholischen. Und wer sich über ihr Dekolleté erregt, hat etwas anderes im Kopf als Politik.

Andererseits ist der regelmäßige Besuch von Kirchen- und Katholikentagen, bei welchen Gelegenheit sie gerne die Choräle mitsingt, für Angela Merkel kein Ausweis ihrer inhaltlichen C-Politik. Ebensowenig, daß sie im Kanzleramt gelegentlich sogar den Besuch von Sternsingern und Bischöfen erhält. Das „C" scheint für sie eine höchstpersönlich individuelle Frage zu sein, in zweiter Linie eine gesellschaftliche – und ganz zuletzt auch eine politische Frage. Auf die letzten Fragen ihrer Politik klare Antworten zu geben, ist ihr bisher nicht eingefallen. Vielleicht liegt es daran, daß sie mehr an Physik als an Metaphysik interessiert ist. Als Diplomphysikerin, Doktorin im Fach Chemie und Politikerin ist sie mehr mit der Sprache der Technik und der Macht als mit der Sprache der Religion vertraut. Auch das darf man ihr nicht verübeln.

Ihre Haltung zum „C" läßt sich wohl eher aus gelegentlichen Handlungen, Einlassungen und Unterlassungen indirekt herauslesen. Denn, so meinte der „Spiegel"-Redakteur Dirk Kurbjuweit: „In der Vorsicht gegenüber den eigenen Worten läßt sich Angela Merkel von niemandem übertreffen". Diese übergroße Vorsicht, diese Scheu vor klaren ehrlichen Aussagen mag sich nicht einmal aus ihrem DDR-Hintergrund erklären. Denn so nichtssagend wie sie reden heute viele Politiker. Warum dann aber plötzlich diese Papst-Attacke? Welche Absicht verbarg sich hinter ihrer demonstrativen Respektlosigkeit dem Papst gegenüber? Sollte es ein opportunistisches Machtkalkül gewesen sein, könnte sie sich verrechnet haben.

Merkel gegen Benedikt

Wäre es nur eine Panne gewesen, hätte man sie der Bundeskanzlerin schnell verzeihen können, wenn sie darum gebeten hätte. Da sie aber noch Wochen und Monate nach dieser Einlassung immer noch darauf besteht, richtig interveniert zu haben, ist es ein Fall geworden, den man als charakteristisch für ihr „christliches" Politikverständnis ansehen muß. Freilich muß man sich der hysterischen Situation erinnern, in der die Äußerungen fielen. Papst Benedikt XVI. ist in seinem Brief vom 10. März 2009 an den Weltepiskopat auf diese Situation eingegangen, als diejenigen, „die es eigentlich besser wissen konnten, mit sprungbereiter Feindseligkeit auf mich einschlagen zu müssen glaubten". An Frau Merkel mag der Papst hier am wenigsten gedacht haben. Die „sprungbereite Feindseligkeit" paßt eigentlich nicht zu ihr, sondern eher zu einigen pensionierten deutschkatholischen Theologieprofessoren und notorisch antikirchlichen Journalisten. Aber eine CDU-Bundeskanzlerin hätte es „eigentlich besser wissen" müssen.

Man wird sich noch lange an jenen denkwürdigen 24. Januar 2009 erinnern. Das war der Tag, an dem Benedikt XVI. das Dekret zur Aufhebung der Exkommunikation jener vier Bischöfe veröffentlichen ließ, die von dem abtrünnigen französischen Erzbischof Lefèbvre unerlaubt geweiht worden waren. Dieser wichtige Schritt zur Versöhnung und Heimholung der schismatischen „Bruderschaft St. Pius X." wurde dadurch diskreditiert, daß sich unter den Bischöfen ein Holocaust-Relativierer befand. Der britische Bischof Richard Williamson hatte – schon Monate zuvor – in einem Interview mit dem schwedischen Fernsehen AB-SVT 1 seine verrückten Äußerungen getan. Sie wurden dem „Spiegel", nicht etwa dem Vatikan zugespielt. Am 19. Januar, also schon zwei Tage vor Unterzeichnung des Dekrets durch Kardinal Giovanni Battista Re, hatte das kirchenkritische Hamburger Nachrichtenmagazin auf seiner Internet-Seite einen Vorausbericht über das Williamson-Interview gebracht. Das Fernsehen brachte die Aufzeichnung pünktlich zum Termin der Veröffentlichung. Die Versuche der Pius-Bruderschaft, die Ausstrahlung zu verhindern, schlugen fehl. Der Vatikan hatte offensichtlich von diesen Vorgängen keine Ahnung. Der für Bischöfe zuständige Kardinal Re scheint das Internet noch nicht entdeckt zu haben.

Was nun einsetzte, war eine weltweite, medial angeheizte Anti-Papst-Kampagne, an der sich besonders die deutschsprachigen Medien beteiligten. Wie auf Kommando skandierten sie „Papst rehabilitiert Holocaust-Leugner". So sehr steigerten sich viele Journalisten in eine moralisierende Empörung hinein, daß sie es unterließen, sich einmal bei „Google" über den Unterschied zwischen „Rehabilitation" und „Aufhebung der Exkommunikation" zu erkundigen. Sie hätten dabei leicht herausfinden können, daß Williamson jetzt zwar nicht mehr „exkommuniziert", aber immer noch „suspendiert" ist, d.h. kein kirchliches Amt hat. Er darf aber jetzt einige Sakramente empfangen (nicht spenden), darunter auch das Bußsakrament. Das hat er auch dringend nötig, seine Beleidigung des jüdischen Volkes zu beichten und zu bereuen. Vielleicht sollte er aber besser mal einen Psychiater aufsuchen.

Der „Fall Williamson" mit seinen medialen und politischen Begleiterscheinungen scheint einen psychopathologischen Musterfall darzustellen, gegen den jede theologische Aufklärung zu spät kommt. Aber Journalisten wie Politiker hätten es „eigentlich besser wissen" müssen. Einige von ihnen haben neben ihrer Ignoranz in Fragen des katholischen Kirchenrechts auch noch böswillige Verleumdungsabsicht zu erkennen gegeben. Indem sie nämlich den Papst als rechtsradikalen Komplizen von Williamson erscheinen ließen und die ganze Pius-Bruderschaft in einen antisemitischen Kollektivschuldverdacht hineinzogen.

An dieser ungeheuren Insinuation hat sich leider gerade Frau Merkel beteiligt. Mit beleidigter Betroffenheitsmiene meldete sie sich am 3. Februar während einer Pressekonferenz zu Wort, die sie gemeinsam mit dem Präsidenten von Kasachstan Nursultan Nasarbajew abhielt. Statt den als korrupt geltenden Diktator um eine Klarstellung zu bitten, was er von seinen Öl und Antisemitismus fördernden, den Holocaust leugnenden Kollegen in der islamistischen Welt halte, sprach sie in freier Rede Richtung Rom folgende Worte:

„Ich glaube, es ist schon eine Grundsatzfrage, wenn durch eine Entscheidung des Vatikan der Eindruck entsteht, daß es die Leugnung des Holocaust geben könnte, daß es um grundsätzliche Fragen auch des Umgangs mit dem Judentum insgesamt geht, und deshalb darf das nicht ohne Folgen im Raum stehenbleiben. Das ist auch nicht nur eine Angelegenheit – nach meiner Auffassung – der christlichen Gemeinden, der katholischen Gemeinden in Deutschland und der jüdischen Gemeinden, sondern es geht hier darum, daß von seiten des Papstes und des Vatikans sehr eindeutig klargestellt wird, daß es hier keine Leugnung geben kann und daß es einen positiven Umgang natürlich mit dem Judentum insgesamt geben muß. Diese Klarstellungen sind aus meiner Sicht noch nicht ausreichend erfolgt."

Diese in der Geschichte der CDU und der deutschen Bundeskanzler einmaligen Worte verdienen es, in eine Sammlung infamer und scheinheiliger Unterstellungen aufgenommen zu werden. Nicht nur, weil sie einen Papst treffen sollten, der als Völkerrechtssubjekt diplomatische Umgangsformen erwarten darf. Sondern weil sie einen Papst namens Benedikt und einen Theologen namens Ratzinger beleidigten, dessen Freundschaft zum Judentum und dessen Abscheu vor dem Holocaust über allen Zweifel erhaben ist. In der Tat haben die wichtigsten Repräsentanten des Judentums, abgesehen von Charlotte Knobloch und von CDU-Mitglied Michel Friedman, den Papst vor den gehässigen Angriffen in Schutz genommen.

Papst Benedikt hatte schon geahnt, was da auf ihn zukommen könnte. Dreifach wurde er hereingelegt: Von dem durchgedrehten Bischof Williamson, der die Vereinigungsbemühung seiner Bruderschaft hintertreiben wollte. Von den Medien, die dessen strafbare Äußerungen immer weiter verbreiteten und mit der päpstlichen Intention in Verbindung zu bringen suchten. Und schließlich und offensichtlich auch von kurialen Mitarbeitern, die die Versöhnungsabsicht des Papstes zu durchkreuzen versuchten. Hier mußte der Papst schnell reagieren, und er tat es auch.

Bei der Generalaudienz vom 28. Januar, die im Fernsehen (EWTN, CTV) und Internet übertragen wurde, so daß es auch Frau Merkel hätte bemerken können, bekräftigte er seine uneingeschränkte Solidarität mit den Juden. Er betonte, daß die Erinnerung an die Shoah zum unverzichtbaren Erbe der katholischen Kirche und der Menschheit gehöre.

Dennoch drängte Frau Merkel am 3. Februar, also fast eine Woche nach dieser Klarstellung, auf eine neuerliche Klarstellung, obwohl sie es spätestens seit der Generalaudienz „eigentlich besser wissen" mußte. Für die Legastheniker in Politik und Journalismus legte das vatikanische Staatssekretariat am 4. Februar mit einer umfangreichen Erklärung noch einmal nach, und zwar mit Selbstverständlichkeiten, die auch Frau Merkel hätte vorher wissen können. Noch am Abend nach der Papst-Schelte der Frau Bundeskanzlerin hatte der Sprecher des vatikanischen Pressesaales, Pater Federico Lombardi SJ, klargestellt, daß die Verurteilung jeder Holocaust-Leugnung durch den Papst „nicht klarer hätte sein können".

Jetzt alles klar, Frau Merkel? Immer noch scheint sie darauf zu bestehen, daß ihre Insinuation „Papst rehabilitiert Holocaust-Leugner" gerechtfertigt sei. Der „Bild-Zeitung" erklärte sie noch Mitte März: „Es ist für mich Teil der deutschen Staatsräson, daß, wie ich es gesagt habe, eine Leugnung des Holocaust niemals ohne Folgen im Raum stehenbleiben kann." Und dem „Deutschlandfunk" sagte sie: „Ich glaube, daß ich als deutsche Regierungschefin in bezug auf die Shoah deutlich machen mußte, unbeschadet der eindeutigen Haltung des Papstes selber, daß Leugnung des Holocaust keinen Raum haben darf in der Öffentlichkeit." Mit dieser Bemerkung ist sie beim Papst, der durch Frau Merkel nicht „unbeschadet" blieb, an der falschen Adresse. Der richtige Adressat wäre Williamson oder besser noch die Öl-Geschäftspartner im Nahen und Mittleren Osten, die – wie der iranische Präsident Ahmadinedschad und seine Freunde in der Hisbollah, der Hamas und bei den Muslimbrüdern – das Existenzrecht Israels negieren und mit einem „neuen Holocaust" drohen. Von Herrn Williamson sind solche Bestrebungen nicht bekannt.

Beweglichkeit im Zick-Zack

Mit ihrem Verhalten im „Fall Williamson" und gegenüber dem Papst hat sich Merkel viel Kritik zugezogen. Nicht nur aus ihrer eigenen Partei und von Katholiken. Auch einige Medien, die zuvor noch die Kampagne antirömisch aufgeladen hatten, fielen plötzlich über ihre eigene Mitläuferin her. Dem Beispiel des früheren Ministerpräsidenten Werner Münch, der sich selber aus der CDU exkommunizierte, folgte eine Reihe weiterer Mitglieder, andere behalten sich diesen Schritt vor oder wollen bei der nächsten Wahl ihre Konsequenzen ziehen. Erstaunlich viele CDU-Prominente, auch Bischöfe, Theologen und einfache Kirchenmitglieder protestierten gegen Merkel und nahmen den Papst in Schutz. Zusätzlich meldeten sich weitere Parteikreise, die sich in ihren Belangen von der Parteichefin nicht mehr vertreten fühlen.

In der Sendung „Anne Will" vom 22. März 2009 antwortete Frau Merkel eher ausweichend und in gewohnt verwaschenen Formulierungen auf ihre Kritiker. Ihnen allen will sie es recht machen: „Mal bin ich liberal, mal christlich-sozial, mal konservativ" („F.A.Z." vom 24. März 2009). Das klang wie ein ehrliches Bekenntnis und setzt natürlich eine große Beweglichkeit voraus, man könnte auch sagen: Mangel an Profil und Integrationskraft. Läßt sich eine große Volkspartei so mit dem Anspruch des Christlichen verbinden?

Einige Beispiele: Am 19. August 2006 unterstützte Frau Merkel die Homosexuellen-Parade „Christopher Street Day" in Stuttgart mit einem Grußwort. Weitere CDU-Prominente wie die baden-württembergische Sozialministerin Monika Stolz schlossen sich an, obwohl konservative CDU-Christen von der Homosexuellenbewegung als „Homo-Hasser, Nazis, Faschisten" verunglimpft werden.

Wenig später, am 28. August 2006, besuchte Frau Merkel den Papst in Castel Gandolfo, wo große Harmonie herrschte. Sie versprach ihm, an einem Gottesbezug in der EU-Verfassung festzuhalten und betonte die christlichen Grundlagen der europäischen Kultur. „Wir haben viele Themen von gemeinsamem Interesse angesprochen. Ich denke, daß gerade auch die christlich-demokratische Union die Beziehungen zum Heiligen Vater immer pflegen wird", beteuerte sie. Das nächste Gespräch mit dem Papst fand wenig später im Rahmen seiner Bayernreise in der Münchner Residenz statt. Und nach ihrem Eklat von 2009 telefonierte sie mit dem Heiligen Vater, um ihre „Beziehungen" zu „pflegen".

Später trifft sie mit Alice Schwarzer, der Protagonistin eines „Rechts auf Abtreibung", öffentlich auf und macht ihr Komplimente. Obwohl die CDU auf den Schutz und Erhalt des menschlichen Lebens programmiert ist und sich für die Ungeborenen starkmachen möchte. Durch ihre kämpferische Intervention auf dem letzten CDU-Parteitag erreichten Merkel und Annette Schavan, die Bundesministerin für Bildung und Forschung, eine Mehrheit für die „Liberalisierung" der Embryonen „verbrauchenden" Stammzellenforschung. In dieser Frage hat sie sich gegen die Mehrheit ihrer eigenen Fraktion gestellt, und gegen das CDU-Grundsatzprogramm. Sich für den Lebensschutz einzusetzen, fällt ihr nicht ein, sobald dadurch feministische Emanzipationsinteressen und pharmazeutische Forschungs- und Geschäftsabsichten berührt werden.

Andererseits ist sie sehr großzügig in der feierlichen Beschwörung von Grundsätzen, die zu nichts verpflichten. Sie wirkt dabei wie eine Bundespräsidentin, nicht wie eine Kanzlerin und Parteivorsitzende. Da werden die Soziale Marktwirtschaft, das christliche Menschenbild, das christliche Europa, die Solidarität, die Bewahrung der Schöpfung, die Leistungsbereitschaft, der Erfolg und so weiter aus dem programmatischen Reservoir und rhetorischen Repertoire hervorgehoben und mit ernster Miene pathetisch vorgetragen. Aber das muß wohl so sein in einer großen Koalition, die man keineswegs durch eigene CDU-Profilierung gefährden möchte. Aber wo bleibt das „C" in seiner speziellen Bedeutung für den Lebensschutz? Liegt es allein an den Kompromißzwängen der großen Koalition, daß es so gut wie verschwunden ist?

„Der Lebensschutz hat in Angela Merkel bisher keine gute Anwältin gefunden", meinte kürzlich Claudia Kaminski, die Bundesvorsitzende der „Aktion Lebensrecht für Alle" (ALfA), und kritisierte das vom Kabinett Merkel kürzlich verabschiedete Gendiagnostikgesetz. „Als Realisten erkennen wir an, daß es für jede Regierung schwer ist, die Fehler aus der Vergangenheit zu korrigieren. Das ändert aber nichts daran, daß unter der Führung von Angela Merkel die Bundesregierung auf dem Gebiet des Lebensschutzes alten Sünden auch neue hinzugefügt hat", so Kaminski weiter.

Als Beispiele nannte die ALfA-Vorsitzende die unter der deutschen EU-Ratspräsidentschaft durchgeboxte „Verordnung über Arzneimittel für neuartige Therapien", die Novelle des Stammzellgesetzes und das Gendiagnostikgesetz. Letzteres sei in seinem Paragraphen 15 verfassungswidrig, denn im Grundgesetz sei festgeschrieben: „Niemand darf wegen seiner Behinderung benachteiligt werden." Frau Kaminski fragt: „Welche größere Benachteilung kann es geben, als die, wegen einer vermuteten Behinderung des Rechts auf Leben beraubt zu werden?" Auf diese Frage wird sie bei Frau Merkel lange auf eine Antwort warten müssen. Deshalb wird sie wohl mehr auf das Bundesverfassungsgericht vertrauen. Und sich darüber wundern, wie eine Parteivorsitzende derart ihre Stammwähler verprellen kann.

CHRISTLICHE WERTMASSSTÄBE FÜR DIE PARTEI

In der Liste der Heiligen finden sich nur wenige Christen, die sich als politische Akteure hervorgetan haben. Politik, wie sie neuzeitlich und vor allem nach deutscher Lesart wahrgenommen wird, scheint ein „schmutziges Geschäft" zu sein. Angeblich ist sie ein „garstig Lied", das den „Charakter verdirbt". Auch soll sie dem christlichen Streben nach Heiligkeit nicht gerade förderlich sein. Die alteingesessenen Vorurteile dienen vielen Bürgern als willkommener Vorwand, sich nicht mit Politik abzugeben. Das „Parteiengezänk", das im Wahlkampf schrille Töne annimmt, widert sie an.

Auch viele fromme Christen und Theologen meiden die Sphäre des Politischen. Über einen Parteieintritt oder ein anderes demokratisches Engagement nachzudenken, kommt ihnen nicht in den Sinn. Theoretisch sind sie zwar für Demokratie, verweigern sich ihr aber praktisch. Es bleibt ihnen freilich nicht erspart, mit der Politik in Berührung zu kommen. Wenn auch nur als Objekte oder gar „Opfer". Spätestens dann aber stimmt man ein in den Chor des Schimpfens auf „die da oben". Aber dieses Schimpfen und Murren ist eben auch politisch. „Politikverdrossenheit" greift um sich. Sie zeigt das große Unbehagen gegenüber bestimmten Defiziten der Demokratie, zu denen man selber beigetragen hat. Das ist so, als stünde man im Stau auf der Autobahn und beklagte sich über „die anderen" Autofahrer, zu denen man selber zählt.

Es sind vor allem die politischen Eliten, also die Amts- und Mandatsträger in Parteien und Staat, die im Zentrum der

Kritik stehen. Das *Vertrauen* in „die da oben" hat in den letzten Jahrzehnten spürbar nachgelassen. Sie würden ihrer *Verantwortung* nicht gerecht. Und sie hätten ihre *Glaubwürdigkeit* verspielt. Personalistische, interpersonale, hochmoralische Begriffe wie Vertrauen, Verantwortung und Glaubwürdigkeit haben damit die politische Arena erreicht. Es sind überdies höchst religiös aufgeladene Begriffe. Hier geht es in großen Teilen der öffentlichen Debatte nicht mehr so sehr um sachliche Strukturen, um anonyme Institutionen, um ein funktionales Verständnis von Politik. Es geht vorrangig um persönliche Integrität, um „Visionen", um „Glaubwürdigkeit".

Glaube und Politik

Wird damit Politik eine Sache des Glaubens oder der persönlichen Moral? Für viele Zeitgenossen bewahrheitet sich heute der von Goethe überlieferte Ausspruch Napoleons: „Die Politik ist unser Schicksal." Mit dieser Parole sollte die gütige Vorsehung Gottes abgeschafft – und ersetzt werden durch ein kaltes, politisch planbares Schicksal. Die Macht dieses Schicksals wird inzwischen immer weniger als ein Systemproblem wahrgenommen und diskutiert. Vielmehr trägt sie das Gesicht einer politischen Partei, oder – noch einfacher, greifbarer und angreifbarer – den Namen eines Politikers. In seiner Person scheint sich die politische Macht zu konzentrieren. Und an ihn richten sich zunehmend moralische und quasi religiöse Anforderungen, die ihn leicht überfordern.

Dies ist inzwischen immer mehr zum Thema einer Ethik geworden, die nicht nur als *Sozial*ethik die Ordnungsbedingungen und Anreizsysteme der Politik reflektiert und zu gestalten versucht. Die Sozialethik wird sich vielmehr verstärkt mit der Begründung, Vermittlung und Entfaltung einer normativen Personenethik einlassen müssen, der es besonders um die sittliche Prägung und die sozial-moralische Verantwortung von konkreten Personen geht. Hierbei setze ich den heute üblichen Sprachgebrauch voraus, wonach sich die Moral zur Ethik verhält wie die Praxis zur Theorie.

Das Zweite Vatikanische Konzil hat vor über vierzig Jahren in seiner Pastoralkonstitution „Gaudium et spes" (Nr. 25) den Kern der Katholischen Soziallehre knapp und markant zum Ausdruck gebracht: „Wurzelgrund nämlich, Träger und Ziel aller gesellschaftlichen Institutionen ist und muß auch sein die menschliche Person, die ja von ihrem Wesen selbst her des gesellschaftlichen Lebens durchaus bedarf." Mit diesem Grundsatz wird der personalistische Charakter einer Soziallehre unterstrichen, welche die elementare Priorität der Person vor der Gesellschaft auch schon in der Formulierung des Subsidiaritätsprinzips (seit der Enzyklika „Quadragesimo anno" 1931) zum Ausdruck bringt.

Der personale Subjektcharakter der Gesellschaft wird in unserer Lebenswirklichkeit auch darin erfahrbar, daß die schönsten Systeme und Strukturen auf Dauer verderben können, wenn deren Subjekte korrupt und maßlos egoistisch sind („gierig", wie es weithin heißt). So kann eine Demokratie nicht ohne gemeinwohlbewußte Demokraten bestehen, die sich freiwillig und ehrenamtlich in Parteien und Bewegungen engagieren. Und eine soziale Marktwirtschaft funktioniert nicht ohne leistungsbereite, unternehmerische Entscheidungs- und Verantwortungsträger.

Natürlich läßt sich das christlich-personale Menschenbild nicht auf ein ethisches Idealbild des Parteipolitikers reduzieren. Es stellt kein Leitbild einer Standesmoral für berufsmäßige Politiker dar, sondern erstreckt sich auf alle Menschen, deren „politische" Züge freilich deutlich aufleuchten. Der

Mensch als „animal rationale" und als „zoon politikon", als rationales Gemeinschaftswesen – das kommt schon von Aristoteles, den die katholische Kirche, besonders die Katholische Soziallehre „in den Knochen" hat, wie Ernst Bloch zu Recht bemerkte. So wie Parteipolitiker schließlich „auch nur" Menschen sind, so kann ihnen grundsätzlich die Fähigkeit, etwas Gutes zu *tun,* nicht nur Böses zu *unterlassen,* durchaus angesonnen werden.

Zum Politikbegriff

Aber was heißt hier „politisch", und wie läßt sich der Politikbegriff verstehen und von der Sphäre des Glaubens abgrenzen? Die weitgehende Entgrenzung des Politikbegriffs und seine Vermischung mit theologischen Begriffen waren kennzeichnend für die neomarxistisch inspirierte „Neue Politische Theologie" (Johann Baptist Metz) und auch für einige Varianten der „Theologie der Befreiung", die zwei Jahrzehnte bis in die 90er Jahre des vorigen Jahrhunderts hinein für innerkirchlichen Streit sorgten. Eine ähnliche Auflösung der Trennschärfe des Politikbegriffs ließ sich zuvor schon bei Carl Schmitt feststellen, der mit „Politik" keinen bestimmten gesellschaftlichen Ordnungsbereich markierte, sondern einen „Aggregatszustand" der Freund-Feind-Unterscheidung, in den alle möglichen Lebensbereiche versetzt werden können, die dann als „politisch" erscheinen.

Zweifellos hat dieser moderne „polemische" Politikbegriff nach wie vor einen (auch für die Kirche) gefährlichen Realitätsgehalt. Schon von daher wird das Bemühen vieler Päpste in der Neuzeit verständlich, die Kirche aus dem politischen Streit um die Macht herauszuhalten, ihre Politisierung in diesem Sinne also nicht zuzulassen und auch in der Frage der Staatsformen „neutral" zu bleiben. Diese Neutralität wurde ausdrücklich erst während des Zweiten Weltkrieges aufgegeben, als Pius XII. aus Gründen der Menschenrechte, des Friedens und des Gemeinwohls für eine (nicht bestimmte) demokratische Staatsform optierte. Aber schon seit jeher galt die Mitwirkung der Kirche an einer Politik, die sich als „kluges Bemühen um das Gemeinwohl" verstand, als bare Selbstverständlichkeit. Mit diesem sozialethischen Politikbegriff hat die Kirche keine Schwierigkeiten. Versteht man Politik hingegen primär empirisch als Partei-, Macht- und Interessenpolitik, ergibt sich eine distanziertere Haltung. Die lehramtlich beglaubigte Katholische Soziallehre unterscheidet also zwischen zwei Begriffen von Politik. Einerseits bedeutet sie, sich für den Frieden, das Gemeinwohl, die soziale Gerechtigkeit und die Freiheit aller einzusetzen. Andererseits kann man unter Politik die konkrete Lösung eines bestimmten Problems neben anderen möglichen und rechtmäßigen Lösungen und in Konkurrenz zu denjenigen, die das Gegenteil vertreten, verstehen – also Politik im Sinne von Parteipolitik. Diese Unterscheidung ist für das Verständnis der Katholischen Soziallehre wesentlich. Sie grenzt sich und die amtlich verfaßte Kirche kritisch nur von einer „Politik" ab, die dem letzteren Begriff entspricht. Die Suche nach konkreten Problemlösungen und der Streit um die richtige Lösung können nicht Aufgabe einer religiösen Institution sein, sondern werden den einzelnen Mitgliedern, den Laien also, freigestellt. Der erstere Politikbegriff hingegen entspricht einem kirchlich vorgegebenen Wertbegriff, dem die Kirche insgesamt und alle ihre Mitglieder verpflichtet sind. Zur Vermeidung von Verwechslungen verzichten die Päpste in ihren sozialen Verlautbarungen – dem traditionellen Sprachgebrauch folgend – durchgängig auf „Politik" als positives Kennzeichen ihres Programms. Vor Mißverständnissen ist man aber damit noch längst nicht bewahrt.

„Politik trennt, Religion eint", meinte Papst Leo XIII. am Ende des 19. Jahrhunderts. In der Tat ist gerade auch die demokratische Politik (der Parteien) vom Kampf der ökonomischen *Interessen* durchdrungen (wie vor allem marxistische Politologen hervorheben) und vom Wettbewerb um die *Macht* im Staat geprägt (was besonders Max Weber betonte). Diese Charakterisierung wirft viele moralische Fragen auf. Überdies enthält die Politik des Staates Elemente des (rechtlichen) Zwangs und der (polizeilich-militärischen) Gewalt, die so ohne weiteres mit einer freiheitsbezogenen Moral nicht vereinbar sind. Gerade deshalb bleiben aber religiöse und moralische Fragen hinsichtlich der Politik unverzichtbar.

Kirchliches Amt und Freiheit der Politik

In konkrete politische Sachfragen pflegen sich Päpste, Bischöfe und Priester nicht einzumischen, das Thema der Politik scheint sie nicht zu interessieren, zumal wenn sie nicht als Privatpersonen, sondern als Amtsträger, als Repräsentanten einer geistlichen, nicht politischen Institution sprechen. Dann sprechen sie namentlich die Mitglieder dieser Institution an, die vorrangig geistliche Ziele zu vertreten hat. Konkrete Lösungen, die sich nicht aus den Heiligen Schriften oder den Dogmen der Kirche ableiten lassen, sollen dem freien, legitimen Streit der Sachkompetenzen und Meinungen überlassen bleiben,
Diese Einstellung politischer Selbstbeschränkung stammt nicht aus persönlichen „Berührungsängsten", sondern entsprechen dem kirchlichen Amtsverständnis. Demnach sollen Autorität und Ansehen des priesterlichen Amtes nicht für macht- und interessenpolitische Zwecke eingesetzt werden, die der kirchlichen Sendung fremd sind. Die priesterlich-

autoritative Einmischung in solche Fragen würde zudem die politische Meinungs- und Handlungsfreiheit der katholischen „Laien" tangieren, die in politischen Sachfragen ohnehin die besseren Fachleute sind. Die kirchliche Sendung verleiht der Hierarchie keine besondere Sachkompetenz zur Entscheidung konkreter politischer Fragen. Und das Volk Gottes kann den Amtsträgern kein politisches Mandat übertragen.

Die Betonung politischer Abstinenz von Leitungsamt und Institution ist eine notwendige Bedingung dafür, daß die Kirche ihren spezifisch geistlichen Auftrag erfüllen kann: Die Sendung der Laien in Kirche und Gesellschaft, die allgemeine Berufung zur Heiligkeit, die Heiligung der beruflichen Arbeit und das apostolische Wirken der Mitglieder können nicht von deren politischen Einstellungen abhängig gemacht oder in eine bestimmte politische Richtung gedrängt werden. Die freiwillige Selbstverpflichtung der Mitglieder auf das gemeinsame religiöse Programm kann nur gelingen, wenn ihnen eine individuelle politische Autonomie (als Staatsbürger) zugebilligt wird: Jeder Christ besitzt die volle Freiheit, in zeitlichen Belangen, besonders in politischen Fragen nach eigenem Ermessen zu entscheiden und zu handeln. In der Kirche gibt es Platz für Menschen aller politischen, kulturellen, sozialen und wirtschaftlichen Auffassungen, die ein christliches Gewissen vertreten kann. Im Rahmen des Glaubens, der katholischen Moral sowie der kirchlichen Disziplin gibt es also eine politische Autonomie aller Gläubigen.

Dieses Konzept enthält neben der genannten politikbegrifflichen Unterscheidung zunächst vor allem die klassische „Arbeitsteilung" Klerus-Laien, die bereits kirchenrechtlich geregelt ist. Betont wird in diesem Zusammenhang die Aufgabe des Priesters, der speziell die Sakramente zu spenden und das Wort Gottes zu verkünden hat. Er soll die christlichen Tugenden in den verschiedenen Lebenssituationen der Menschen vermitteln, in der christlichen Lehre unterweisen, wozu die persönlichen und sozialmoralischen Forderungen des Evangeliums gehören. Überdies hat er darauf hinzuwirken, daß die Zeichen der Zeit in richtiger Weise erkannt werden. Hingegen besteht die spezifische Aufgabe der Laien darin, die zeitlichen Strukturen und Angelegenheiten in christlicher Weise zu ordnen, um damit Christus in allen Bereichen der Gesellschaft gegenwärtig zu machen. Zu beachten ist überdies die Unterscheidung innerhalb der gegliederten Gruppierung der Laien, die einerseits als inkorporierte Mitglieder oder im Auftrag der Institution, andererseits als Privatpersonen bzw. Staatsbürger handeln.

Mit diesem Konzept der Unterscheidungen, die nicht als scharfe Trennungen gedeutet werden können, gelingt es, die Identität und Einheit der kirchlichen Gemeinschaft mit der Freiheit ihrer Mitglieder in Einklang zu bringen. Dieses differenzierte Konzept entspricht ganz der Haltung, die das Zweite Vatikanische Konzil eingenommen hat. Ausgehend vom christlichen Personalismus entwirft „Gaudium et spes" (Nr. 76) Grundsätze der Gerechtigkeit, des „Dialogs mit allen Menschen" und der „rechtmäßigen Autonomie" der Kultursachbereiche, womit ein religiös-politischer Fundamentalismus verworfen wird. Hier nimmt die Kirche für sich „immer und überall ... das Recht in Anspruch, in wahrer Freiheit den Glauben zu verkünden, ihre Soziallehre kundzumachen, ihren Auftrag unter den Menschen ungehindert zu erfüllen und auch politische Angelegenheiten einer sittlichen Beurteilung zu unterstellen, wenn die Grundrechte der menschlichen Person oder das Heil der Seelen es verlangen". Wie dieses Recht der Kirche gerade hinsichtlich „politischer Angelegenheiten" in Anspruch genommen wird, ohne die religiöse Einheit der Kirche und die politische Vielfalt ihrer Mitglieder zu gefährden, wird später zu erörtern sein und betrifft das kirchliche wie das gesellschaftliche Pluralismusproblem gleichermaßen.

Zunächst aber fällt auf, daß solche relativ „unpolitischen"
Einstellungen und Aussagen in einem seltsamen Kontrast zu
jenen stehen, die in der Kirche eine besonders raffinierte,
nach politischer Macht strebende Kraft erblicken wollen.
Dieser allgemeine „politische" Verdacht, allen gesellschaftlichen und religiösen Wirkkräften ein geheimes interessen-
bezogenes Machtstreben zu unterstellen, ist eine typische
Attitüde „linker" Theologen und Journalisten. Die ideologie-
befrachteten politischen Verdachtsmomente haben sich seit
dem Wendejahr 1989 zwar verflüchtigt. Und heute gilt der
Antikommunismus weltweit nicht mehr als politischer Makel,
sondern als ein selbstverständliches Menschenrechtsgebot.
Aber die politischen Vorbehalte gegenüber einer Kirche, die
sich *nicht* jedem ideologischen Zeitgeist anpassen und jedem
politischen Regime unterwerfen *kann,* werden bestehenblei-
ben. Vor allem von jenen werden sie konserviert und tra-
diert, die schon in jeder kirchlichen, an Glauben und Moral
orientierten Kritik an bestimmten politischen Maßnahmen
eine illegitime Machtstrategie der Kirche vermuten.

Unterscheidung der „zwei Reiche"

Konstitutiv für den christlich geprägten, abendländischen
und freiheitlichen Politikbegriff ist die *vertikale* Unterscheidung (nicht völlige Trennung) der „zwei Reiche", des
göttlichen und des weltlichen, sowie die Bescheidung des
Politischen auf den weltlichen Bereich, der immer nur ein
mangelhaftes Provisorium bleibt. Diese erste abendländi-
sche Gewaltenteilung zwischen *Imperium* und *Sacerdotium,*
zwischen Kirche und Staat war bereits im Neuen Testament
vorgezeichnet. Geschichtlich bahnte sie sich im Investitur-
streit (1077, Gang nach Canossa: Kaiser Heinrich IV. und
Papst Gregor VII.) an. Sie hat damit überhaupt erst eine

freiheitliche politische Ordnung in Europa ermöglicht und bleibt *die* Grundvoraussetzung für eine nicht-totalitäre politische Form. Hierdurch wurde also der neuzeitliche Prozeß sowohl der Säkularisierung des Staates als auch der Entstaatlichung der Kirche in Gang gesetzt. Werden diese beiden Bereiche miteinander vermengt, entsteht ein explosives Gemisch, das wir heute als Fundamentalismus in Teilen der islamischen Kultur kennenlernen.

In einigen Instruktionen ging das kirchliche Lehramt kritisch auf zeitgenössische politisch-theologische Tendenzen ein, in denen sich unzulässige Verwechslungen und Vermischungen von Glaubenswirklichkeit und weltlicher Wirklichkeit, von Theologie und Politik, von Kirche und Staat zeigten. Damit grenzte sich die Kirche zugleich von politisch-theologischen Zerrformen wie Integralismus, Säkularismus, Fundamentalismus und Klerikalismus ab. Dabei handelte es sich vorwiegend um marxistisch beeinflußte Varianten der lateinamerikanischen Befreiungstheologie.

Joseph Höffner wandte sich etwa gegen den kollektivistischen Versuch, die Welt in ein Kloster zu verwandeln – ebenso gegen die Bestrebung, aus der Kirche eine säkulare Weltverbesserungsbewegung zu machen. Auch Joseph Kardinal Ratzinger kritisierte an der Befreiungstheologie Tendenzen der Theologisierung der Politik und der Politisierung der Theologie, sowie die Anmaßung bestimmter Theologen, ihre Meinungen in politischen und ökonomischen Angelegenheiten als Glaubenssätze hinzustellen und dabei den Glauben groben Fehlinterpretationen auszuliefern, als ob er etwas Beliebiges wäre. Solches Denken mußte sich vor allem gegen die Freiheit sowohl des Glaubens als auch der Politik auswirken.

Rechtsextrem-integralistische Versuche, einen exklusiv katholischen Glaubensstaat zu errichten, hatten sich schon in den 60er Jahren des 20. Jahrhunderts von allein erledigt.

In der Mißachtung der Religionsfreiheit liegt eine große Gefahr für die Kirche wie für den Staat. Diese Gefahr droht tendenziell dadurch, daß aus Gründen einer vermeintlich größeren Wirksamkeit den Christen eine weitgehende politische Gleichschaltung aufgenötigt werden könnte. Diese Einstellung wurzelt zwar in dem legitimen Wunsch, die Kirche möge ein Zeugnis geben, das die moderne Welt mitreißt. Aber gerade dadurch könnte die hierarchisch geordnete Kirche allzu stark in weltliche Dinge verwickelt werden, was zu einem neuen Klerikalismus führen müßte – zum Schaden der Laien, der einfachen Christen, die ihrer eigenen Verantwortung für die Welt nicht mehr gerecht werden könnten.

Christliche Praxis

Die „soziale Frage" ist älter als die „Arbeiterfrage" des 19. Jahrhunderts. Sie wird von der Kirche als eine immer wiederkehrende Frage wahrgenommen, die sich nicht ein für allemal politisch lösen läßt. Wie die Katholische Soziallehre zu dieser strukturellen und politisch bedeutsamen Frage steht und welche christliche, zugleich pluralismusverträgliche Lösungsstrategie ihr vorschwebt, läßt sich nach dem klassischen Dreierschritt Sehen-Urteilen-Handeln knapp skizzieren:

Christen müssen die Not ihrer Mitmenschen zunächst *sehen* und wahrnehmen: die soziale Ungerechtigkeit, Diskriminierung und Haß, die kriegerische Zerstörung, den politischen Fanatismus, die ungerechte Verteilung der Reichtümer und Bildungsgüter, den globalen „Hunger nach Brot und Wissen".

Nach welchen Maßstäben nun sollen Christen bewertend *urteilen,* damit sie überhaupt „richtig" sehen und entsprechend handeln können? Die Wertkriterien der Katholischen Soziallehre umfassen den klassischen Kanon christlicher Grundwerte, nämlich Wahrheit, Gerechtigkeit, Liebe und Freiheit, die auch von Johannes XXIII. in der Enzyklika „Pacem in terris" (1963) zur Gestaltung einer Friedens- und Gemeinwohlordnung herangezogen werden. Besonders bemerkenswert ist dabei die Verknüpfung von Wahrheit und Freiheit (Joh 8,32: „die Wahrheit wird euch frei machen"), die Verbindung von Gottes- und Nächstenliebe (Werke der Barmherzigkeit nach Mt 25,41–43) sowie die Beziehung von Gerechtigkeit und Liebe. Auch unter dem Vorzeichen der Liebe bedeutet Gerechtigkeit „jedem das Seine", nicht aber „jedem dasselbe" zukommen zu lassen, denn aus utopischer Gleichmacherei entsteht schwerwiegende Ungerechtigkeit. Höchstes Gewicht legt die Katholische Soziallehre auf die Beachtung der Menschenwürde und der (freiheitlichen und sozialen) Menschenrechte als Kriterien einer gerechten Gesellschaftsordnung, die strukturell nach den Prinzipien der Solidarität, der Subsidiarität und des Gemeinwohls zu gestalten ist.

Was das *Handeln* betrifft, so spricht die Katholische Soziallehre zunächst einmal christliche Adressaten an, die in den gesellschaftlichen Teilbereichen Wirtschaft, Politik, Gesellschaft, Kultur, Wissenschaft, Technik etc. (berufliche) Verantwortung tragen oder übernehmen sollten. Man verweist dabei vor allem auf die Rechte und Pflichten, die die Christen *als Staatsbürger* wahrzunehmen haben, und zwar autonom. *Negativ* begründet wird dies zunächst mit möglichen „Hindernissen" für ein Leben aus dem Glauben, wenn diese gesellschaftlichen Bereiche sich selbst überlassen bleiben. Oder wenn sie allein von Menschen bestimmt werden, denen das Licht des Glaubens fehlt. *Positiv* gilt es, die gesellschaftlichen Realitäten als Handlungsfelder zu entdecken, in denen sich Christen im Dienst am Gemeinwohl vorbildlich verhalten können. Sie sollen sich ja, biblisch gesprochen, als Licht, Salz und Sauerteig in der Gesellschaft bewähren. Dies geschieht etwa in der aktiven Mitwirkung in Gruppen, Bewegungen und Parteien, die das öffentliche Leben gestalten und politisch auf das Gemeinwohl ausrichten. Hier bietet sich den christlichen Laien die Möglichkeit, ihren Glauben „greifbar" und ihre „guten Werke" sichtbar werden zu lassen.

Dies alles spielt sich auf dem Hintergrund eines christlich-personalen Menschenbildes und einer entsprechenden Ordnungsvorstellung ab, die gesellschaftlich den Pluralismus, ökonomisch die (soziale) Marktwirtschaft und politisch die Demokratie akzeptiert, wenngleich die lehramtliche Katholische Soziallehre hier keine konkreten Ordnungsmodelle vorschlägt oder gar dogmatisch begründet. Ihre „ordungspolitischen" Überlegungen bewegen sich auf einer ziemlich abstrakten Wertebene und lassen gerade deshalb verschiedene Konkretisierungen und Realisierungen zu. Sie eröffnet somit Spielräume einer verantwortlichen Freiheit, die, um sich nicht selber willkürlich aufzuheben, der ethischen Eingrenzung und besonders der Solidarität bedarf.

Für die Katholische Soziallehre gibt es keine Verwechslung oder Vermischung, aber auch keinen Widerspruch zwischen dem Dienst an Gott und dem Dienst an den Menschen, zwischen den Rechten und Pflichten eines Staatsbürgers und den Rechten und Pflichten eines Christen, zwischen der Arbeit für den Aufbau einer gerechteren Gesellschaft − und dem gläubigen Wissen, daß diese Welt nur ein Weg ist zu einer ewigen Heimat, zu einer endgültigen Lebenserfüllung.

Resümierend läßt sich für das gesellschaftliche und politische Ordnungsdenken der Kirche festhalten, daß ihre Überlegungen zu einer christlich orientierten „politischen" Praxis nicht auf die Konstruktion eines „christlichen Staates" zielen, der Glauben und Moral der Christen rechtlich oder sonstwie erzwingt. Sie respektiert also die Autonomie der Kultursachbereiche wie auch die vertikale und horizontale Gewaltenteilung. Somit führt sie nicht zur Aufhebung des Pluralismus, sondern trägt zu seiner religiösen und moralischen Sinnerfüllung bei. Vor allem möchte sie die *Einheit* im Glauben und in der Moral der Kirche festigen – bei gleichzeitiger *Vielfalt* im Engagement der Laien, die auch in (partei-)politischer Hinsicht als glaubwürdige Zeugen Christi wirken sollen.

Vernunft und Politik

Wie die Politik Glaubensfragen, so wirft der Glaube politische Fragen auf. Seit einigen Jahrzehnten, schon mit der „islamischen Revolution" im Iran, dann vor allem mit den Ereignissen des „11. September" und mit der Zuspitzung des israelisch-palästinensischen Konflikts, ist die Religion als politischer Faktor, aber auch die Politik als religiöser Faktor wieder in das Blickfeld weltweiter Aufmerksamkeit gerückt. „Gerade heute", bemerkte Jacob Taubes vor über 20 Jahren zur Signatur der Gegenwart, „gerade heute drängen religiöse Symbole und Formen in die öffentliche Arena, Theokratie als Forderung taucht auf, Heilslehren überborden in den profanen Raum."

Irrationaler Fundamentalismus

Dem islamischen Fundamentalismus geht es besonders um die Zerstörung einer liberalen politischen Kultur „des Westens", die ihre christlichen Wurzeln nicht verheimlichen kann. Die USA sind von Anfang an nicht nur von einer dei-

stischen Zivilreligion, sondern auch von (inzwischen weitgehend säkularisierter) christlicher Hoffnung geprägt worden und glauben auch im Zuge der Terrorbekämpfung, eine
welt- und heilsgeschichtliche Mission erfüllen zu können,
wie sie dies bereits im Kampf gegen die totalitären europäischen Systeme des Nationalsozialismus und des Kommunismus bewiesen haben.

Die religiöse Sprache zieht in die öffentliche Debatte ein
und bildet dabei nicht bloß einen Bestandteil psychologi-
scher Kriegsführung oder patriotischer Rhetorik. Im Namen
Gottes werden terroristische Verbrechen und militärische
Gewalttaten begangen und vergolten, die den Namen eines
gütigen Gottes – wie Religion und Glauben überhaupt – zu
diskreditieren geeignet sind. Daran dürften eigentlich gerade die Weltreligionen kein Interesse haben. Um so be-
deutsamer ist die Konzeption einer globalen politischen
Ordnung als einer Friedensordnung, die nicht nur durch
Machtansprüche und ökonomische Interessen, sondern sozialethisch, also *vernünftig* legitimiert werden soll. Denn so
unterschiedlich sich Menschen in ihrem jeweiligen Glauben
darstellen, so verbindet sie doch eine gemeinsame Vernunft-
begabung. An diese vor allem praktisch-ethische Vernunft-
einsicht zu appellieren, ist Anliegen der Katholischen Soziallehre. Sie legt Wert auf ein rationales Naturrechtsdenken,
das im Grundgesetz wie auch in den CDU-Programmen ein
kräftiges Echo fand.

Dieses Denken hat seit Augustinus und vor allem seit
Thomas von Aquin eine Friedenslehre hervorgebracht, die
zwar als Lehre vom „gerechten Krieg" („bellum iustum")
bekannt wurde, aber doch dem Zweck der Eindämmung
von Gewalt dienen sollte. Deshalb wurde sie *naturrechtlich*
formuliert und unterlag – vor allem seit Franz von Vitoria
im 16. Jahrhundert – einer universalisierbaren und reziprok geltenden Rationalität. In logischer Konsequenz die-

ser naturrechtlich-vernünftigen Position sollten sogenannte „heilige" oder „Glaubenskriege" ausgeschlossen werden. Freilich hat sich der Dreißigjährige Krieg im Europa des 17. Jahrhunderts nicht an diese Logik gehalten, sondern trat als konfessionell bedingter Krieg in Erscheinung, weshalb sich in der Aufklärung eine Säkularisierung und damit politische Neutralisierung der Religionen und Konfessionen anbahnte.

Wir bemängeln heute am Islam, daß ihm weitgehend das rationale, philosophisch-theologische Instrumentarium fehlt, um den Glauben mit der zeitgenössischen Welt zu vermitteln und die Dialogfähigkeit zu gewährleisten. Dabei übersehen wir leicht, daß der Islam heute eine Aufklärung braucht, wie sie das Christentum bereits im Mittelalter durch Thomas von Aquin erfuhr. Der heute noch maßgebende christliche Theologe konnte dabei übrigens nur deshalb auf Aristoteles zurückgreifen, weil dessen Schriften durch arabisch-islamische Philosophen in Europa zur Geltung gebracht worden waren, z. B. durch Averroes in Córdoba.

An diese mittelalterliche Tradition könnte heute auch der christlich-islamische Dialog anknüpfen. Und zwar auf der metaphysischen Basis eines (aristotelisch-thomasischen) Naturrechtsdenkens, das im Christentum für eine grundlegende Unterscheidung zwischen Glaube und Politik, Kirche und Staat, Moral und Recht gesorgt hat. Die Gewaltenteilungen einer freiheitlichen Gesellschaftsordnung mitsamt den Menschenrechtsgarantien gründen auf diesem Denken. Insofern lassen sich Fundamentalismus und Despotie nicht als „Rückfall" ins Mittelalter deuten, sondern stellen eher einen „Unfall" oder „Abfall" der Moderne dar. Einer „Modernen" überdies, die es inzwischen verlernt hat, die metaphysische Wahrheitsfrage zu stellen – und ihre Rationalität zu öffnen für die Erkenntnis allgemeiner Sinn- und Wertstrukturen, die den Anspruch erheben können, geschichts- und kulturübergreifend zu gelten.

Ein künftiger christlich-islamischer Dialog wird gerade diese theologischen Grundfragen des Verhältnisses von Glaube-Vernunft-Politik nicht aussparen dürfen. Es ist vor allem die aktuelle religiös-politische Gewaltproblematik, die einen Dialog sowohl erschwert – als auch erforderlich macht. Worin liegt die vermittelnde Rolle der Vernunft im Verhältnis des Glaubens zur Politik?

Auch im Christentum regt sich ein neues Interesse an der politischen Relevanz von Glaube, Theologie und Kirche, das von unterschiedlichen Theologien stimuliert und reflektiert wird. Aktuelle politische Fragen des Friedens, der Globalisierung, der Ökologie und der Gentechnik lassen eine moralische, metaphysische und religiöse Dimension erkennen und haben den aufgeklärten Fortschrittsglauben mitsamt der Säkularisierungsthese in Zweifel gezogen. Die moderne Welt scheint keineswegs bereit zu sein, „Religion" generell abzuschaffen, sie gesellschaftlich bedeutungslos zu machen, politisch zu neutralisieren, zu säkularisieren oder zu immanentisieren.

Vielmehr ist die Gesellschaft selber „religionsproduktiv" (Gerhard Schmidtchen) geworden, freilich auf Kosten des Christentums und der Kirche. Der Religions- und damit der Begriff des Glaubens hat sich im Zuge der Individualisierung enorm erweitert und umfaßt jede Art von „Kontingenzbewältigung" (Hermann Lübbe), Sehnsucht nach dem „ganz Anderen" (Max Horkheimer), nach dem, was einen „unbedingt angeht" (Paul Tillich), was Sinn- und Wertorientierung gibt. Die typisch religiöse Unterscheidung zwischen Transzendenz und Immanenz (Niklas Luhmann) verschwimmt jedoch, wenn die Transzendenz immanentisiert wird und als geschichtlich-gesellschaftliche Projektion bzw. als Projekt erscheint.

Wenn die Frage nach letzten Gründen und Zielen nicht dogmatisch verboten ist, läßt sich hinter jedem politischen auch ein theologisches Problem vermuten. Grundlegende Fragen religiöser und zugleich moralischer Dimension werden aufgeworfen etwa hinsichtlich der Ursprungsquellen und Kompetenzgrenzen der gesellschaftlichen Autorität, ferner wenn es um die politische Verantwortung der Bürger geht, um den verpflichtenden Grund des Gehorsams, der Gehorsamsverweigerung und des Widerstandes, um die Bedingungen des Gemeinwohls und des öffentlichen Friedens. Solche Fragen erstrecken sich vornehmlich auf Bereiche der Legitimation menschlicher Handlungen und Ordnungen, der Seins- und Sollensbestimmung des Menschen und der Gesellschaft sowie der Sinn- und Zielbestimmung der Geschichte. Damit transzendieren sie den empirischen Erfahrungsbereich der Politik und gewinnen metaphysische, religiöse und ethische Qualität.

Gerade der freiheitlich-demokratische Staat einer pluralistischen Gesellschaft lebt von Voraussetzungen, die er selbst nicht garantieren kann. Dies gilt als Binsenwahrheit nicht erst seit Ernst-Wolfgang Böckenfördes bekanntem Diktum, sondern wurde ähnlich schon von einigen Päpsten der Neuzeit betont. Es gibt für die Fundierung und Erhaltung der Demokratie „Unverzichtbares", das nicht im politischen Bereich angesiedelt ist, wie auch Jürgen Habermas einräumt.

Wesentliche Voraussetzung für eine freiheitliche Demokratie ist die bereits biblisch angezeigte „erste Gewaltenteilung" als Trennung bzw. Unterscheidung von Glaube und Politik, von Reich Gottes und weltlichem Reich, von Kirche und Staat. Dabei gibt es auch in diesem Rahmen zahlreiche Politikbezüge des Glaubens und Glaubensbezüge der Politik.

Politisierung der Theologie oder Theologisierung der Politik?

Gegenseitige Vereinnahmungen und Funktionalisierungen, die sich als Theologisierung der Politik oder als Politisierung der Theologie bezeichnen lassen, werden aus westlicher Demokratieperspektive als Freiheitsbedrohung wahrgenommen und ziehen den Ideologie- oder Fundamentalismusverdacht auf sich. Überdies machen sie sich nach kirchlichem Verständnis auch häresieverdächtig und gelten als Gefährdung der Freiheit von Glaube und Kirche. Glaube und Politik können in Geschichte und Gegenwart verschiedene Verbindungen eingehen, die sich folgendermaßen typisieren lassen:

1. Denkbar und geschichtlich möglich ist es, daß sich die Politik mit einem Glauben, den sie sich selber konstruiert hat, identifiziert und sich die religiösen Sinnfragen selbst beantwortet. Dies ist der Fall beim Typus der *Politischen Religion,* den man etwa im Nationalsozialismus, aber auch im Sowjetkommunismus wahrnehmen konnte. Bei diesen modernen totalitären Ideologien handelte es sich um säkulare Ersatzreligionen.

2. Ebenfalls kann sich die Politik die genannten Sinn- und Wertfragen in einem ihr genehmen und auf ihre speziellen Bedürfnisse abgestimmten Sinne von einem Glauben oder einer Religionsgemeinschaft beantworten lassen. Dann stünde die Religion – freiwillig oder unfreiwillig – *im Dienst* der Politik, wie es etwa im Typus der *„klassischen" politischen Theologie* anzutreffen ist, welche die jeweilige politische Herrschaft zu legitimieren hatte. Der theologiegeschichtliche Rückblick verweist auf eine Reihe verschiedener Typen dieser „politischer Theologie", die bereits mit der Stoa und ihrem philosophischen Konzept einer „theologia civilis" einsetzt.

3. Die „*neue*", von Johann B. Metz in den 60er Jahren des vorigen Jahrhunderts emanzipatorisch konzipierte *Politische Theologie*, die weitgehend von einigen Varianten der Befreiungstheologie rezipiert und radikalisiert wurde, wollte freilich die bestehende politische Herrschaft nicht legitimieren, sondern in Frage stellen. Dies vollzog sich weitgehend im *Anschluß* an politische Basisbewegungen im Kontext (neo-)marxistischer Strömungen, die „von unten" „nach oben", also doch wieder zur politischen Macht drängten. Seit 1989 ist es auch um die politischen (Befreiungs-)Theologien merklich still geworden, sie stoßen in der Gegenwartstheologie kaum noch auf Interesse.

4. Geschichtlich möglich und von bedrängender Aktualität ist es, daß sich eine Religion mit der staatlichen Politik identisch setzt oder sie in ihre Dienste nimmt. Dies wird im *theokratischen Fundamentalismus* zu einer gefährlichen Wirklichkeit, wie sie in vielen islamischen Staaten und Bewegungen zunehmend erfahrbar ist: Der Koran wird zur Staatsverfassung erklärt, moralische Bestimmungen der „Scharia" werden durch staatliche Gesetze erzwungen, Religionsführer amtieren als politisch-staatliche Entscheidungsträger.

5. Auf ganz andere Weise wird das Verhältnis Glaube-Politik in der *Katholischen Soziallehre* – hier vornehmlich verstanden als Kontinuum kirchlicher Lehraussagen – thematisiert. Sie gilt als verbindliche Grundlage, von der aus die Christliche Gesellschaftslehre (als theologische Disziplin) soziale und politische Fragen wissenschaftlich angeht – und von der aus die katholischen Sozialverbände und Bewegungen diese Fragen praktisch zu lösen versuchen. Nach dieser Tradition liegt die politische Bedeutung des christlichen Glaubens für eine freiheitliche Demokratie darin, daß er einen Beitrag zur Erfüllung jener Voraussetzungen dieser Demokratie zu leisten versteht, ohne sich in eine funktionale Abhängigkeit von ihr zu begeben.

Der spezifische Beitrag des christlichen Glaubens läßt sich nach einem *dreifachen Politikbezug* darlegen, nämlich nach seiner *eschatologischen, ethischen* und *ekklesiologischen* Dimension. Bezogen auf die Voraussetzungen der freiheitlichen Demokratie wirkt sich die *Eschatologie* (Lehre vom endzeitlichen Reich Gottes) als Vorbehalt gegen jede politische Verabsolutierung aus und sorgt für eine elementare Gewaltenteilung. Die *Glaubensethik* (insoweit sie im Einklang mit dem Naturrecht der praktischen Vernunft ist) orientiert das Handeln der einzelnen Subjekte und deren Institutionen nach normativen Werten, die als Voraussetzung und nicht als Ergebnis der demokratischen Willens- und Mehrheitsbildung auch den Rechtsstaat beeinflußt. Und der *ekklesiologische* (kirchliche) Gesichtspunkt verweist auf eine rechtlich verfaßte Gemeinschaft von Gläubigen, die ihre Wirkung namentlich in der Zivilgesellschaft, aber auch dem Staat gegenüber entfaltet.

Nach ihrem Selbstverständnis kann die katholische Kirche nicht als eine „in sich" politische Größe angesehen werden, weshalb ihre Strukturen nur sehr eingeschränkt demokratisierbar erscheinen und ihre Glaubensbotschaft nicht demokratisch zur Disposition gestellt werden kann.

Diese Glaubensbotschaft vom Reich Gottes ist Gegenstand kirchlicher Mission, nicht aber mit einem parteipolitischen Programm zu verwechseln, wenngleich sie durchaus politische Wirkungen haben kann. Freilich enthält diese Botschaft einen eminent wichtigen Vorbehalt gegenüber der Politik: daß sie sich nämlich nicht anmaßen darf, den Himmel auf die Erde herunterholen und das Reich Gottes politisch-ökonomisch herstellen zu wollen.

Notwendigkeit eines rationalen Dialogs

Den Zusammenhang von Glauben und Vernunft grundsätzlich zu klären, ist das Leitmotiv des gegenwärtigen Papstes
und war auch das Generalthema seiner Regensburger Vor-
lesung zum Thema „Glaube, Vernunft und Universität" am
12. September 2006. Hierbei zitierte Benedikt XVI. einen
Text, der nicht nur Anstoß erregte, sondern auch Anstöße
für den dringend erforderlichen christlich-islamischen Dialog gegeben hat. Freilich war das Aufgreifen des Gewalt-
problems von der Sache her geboten und durch bestimmte
Geschichtserfahrungen auch naheliegend: Wenn der Glaube
nicht durch Vernunft in die Politik vermittelt wird, drängt
die Gewalt ins Spiel und diskreditiert nicht nur den Glauben, sondern auch die Politik.

Benedikt XVI. will vor allem dialogisch-rational erörtern,
wie bestimmte Stellen des Koran heute verbindlich ausge-
legt werden. Mit dieser Frage wird das Hauptthema und
auch das Hauptdilemma des christlich-islamischen Dialogs
aufgeworfen, der jetzt auch für Deutschland immer dringlicher wird.

Dialog bedeutet nach Auskunft des „Historischen Wör-
terbuchs der Philosophie" „ein Gespräch, das durch wech-
selseitige Mitteilung jeder Art zu einem interpersonalen
‚Zwischen', d.h. zu einem den Partnern gemeinsamen Sinnbestand führt". Auf der Suche nach diesem gemeinsamen
Sinnbestand – etwa in Sachen Frieden und Gewaltlosigkeit –
kann es freilich passieren, daß die Vernunft ausrastet und
an ihre Stelle Drohungen, Einschüchterungen und Terror
treten. Die allgemeine Geschäftsgrundlage für einen rationalen Dialog entfällt auch dann, wenn bei „wechselseitigen
Mitteilungen jeder Art" geschichtliche Erfahrungen und
entsprechende Zitate ausgeschlossen werden sollen. Fast
unmöglich wird der Dialog, wenn ein Dialogpartner nicht

klar als repräsentativ identifizierbar ist und seine wahren Absichten nicht erkennen läßt. Ihre Dialogfähigkeit hatte die katholische Kirche bereits zu Zeiten des Realsozialismus bis 1989 erfolgreich erprobt. Wesentlich schwieriger scheint sich seitdem der Dialog mit dem expandierenden politischen Realislamismus zu gestalten. Die Frage ist, wie sich die Chancen für ein weltweites interreligiöses Friedensgespräch verbessern und institutionell festigen lassen. Daß besonders die katholische Kirche als Weltkirche mit einer eigenen Soziallehre diesem substantiellen Dialog vorangeht, darf man für wünschenswert und sogar notwendig erachten. Im nationalen und europäischen Rahmen ist es gewiß auch eine sinnvolle Aufgabe der CDU, sich an einem solchem Dialog zu beteiligen.

Politik und Moral

In Deutschland haben wir wieder eine neue Wertedebatte. Jedenfalls plädiert eine große Mehrheit der deutschen Führungskräfte in Politik und Wirtschaft für eine stärker „an Werten" ausgerichtete Politik. Nach Auskunft des Allensbacher Instituts für Demoskopie halten es neun von zehn Befragten unserer Eliten für notwendig, politische Entscheidungen stärker mit Werten zu begründen. Aber mit welchen? Und wozu?

Reden über moralische Werte

Über Werte redet man gern und oft, wenn sie einem abhanden gekommen sind. Dann stellt sich die „ewige Wiederkehr" der Werte als periodische Wiederholung des öffentlichen Redens über Werte heraus. Man redet dabei über alles, was einem persönlich gerade wertvoll erscheint. Aber gerade dieser verwirrende Überfluß an subjektiven Wertschätzungen läuft auf einen Verlust objektiv verbindlicher Werte hinaus. Dieser wird zunächst als Vertrauensverlust wahrgenommen. Geschwunden ist namentlich das Vertrauen in die politische und wirtschaftliche Elite, die diesen Verlust natürlich am meisten beklagt und durch verstärkte Wertebeschwörung zu kompensieren versucht. Um welche Werte geht es hier? Schon in den 70er Jahren hatten wir eine „Grundwerte-Debatte", die sich unterschwellig auch nach der Wiedervereinigung fortsetzte. Dabei ging es vor allem um die Frage, ob und wieweit der demokratische, weltanschaulich neutrale Rechtsstaat auch für den Bestand der moralischen Grundwerte Verantwortung zu tragen habe. Diese Frage wurde damals von der Mehrheit der Parteien und Wähler eher verneint. Dies hing wesentlich mit dem sogenannten „Wertewandel" zusammen, über den seit den 80er Jahren eine breite Diskussion entstand, die immer neue Auflagen erfuhr angesichts fortschreitender Individualisierung der Gesellschaft.

Solche Debatten deuten darauf hin, wie umstritten die metaphysischen, religiösen und moralischen Werte sind, die unsere Gesellschaft zusammenhalten sollen, wie ratlos die Leute, wie orientierungslos vor allem die Führungskräfte inzwischen geworden sind. Von einem „klaren Wertekoordinatensystem" (Renate Köcher) kann de facto keine Rede sein, auch wenn ein verbindlicher Wertekanon von vielen ersehnt wird. Freilich hat sich in vielen westlichen Demokratien jener „Relativismus" der Werte verfestigt, den Papst Benedikt XVI. beklagt und überwinden will. Die Gefahr einer „Diktatur des Relativismus" scheint sich auch auf die politische Ebene zu erstrecken und die Demokratie als Staatsform zu erreichen.

Die politische Ethik im christlichen Kontext einer wert-
gebundenen Demokratie steht heute vor einer zweifa-
chen Herausforderung. Einerseits muß sie sich von jenen
wertrelativistischen Tendenzen abgrenzen, die allein in der
Mehrheitsregel ein Instrument zur Ermittlung und Durchsetzung von moralischen (und rechtlichen) Verbindlichkei-
ten erblickt. Zum anderen muß sie sich von jenen religiös-
wertfundamentalistischen Positionen distanzieren, wie sie
heute verstärkt in islamischen Ländern auftreten und die
eine freiheitliche Demokratie nicht zulassen.

Krisenphänomene

Aber kommen wir zunächst auf einige Krisenerscheinun-
gen des demokratischen politischen Lebens in Deutschland zurück, welche die politische Wertfrage aufwerfen.
Hierzu zählen u. a. schwindende Wahlbeteiligung, Mitglieder-
schwund bei den Parteien und mangelndes ehrenamtliches
Engagement. Allerdings hat dieser Trend inzwischen fast alle
gesellschaftlichen Institutionen erfaßt, in denen dann auch
das Bewußtsein vorherrscht, von einer allgemeinen Krise erfaßt zu sein. An diesem Krisenbewußtsein leiden etwa auch
die Kirchen und die Gewerkschaften. Die Ursachen für das
schwindende öffentliche Engagement in den westlichen In-
dustriegesellschaften lassen sich in dem ausfindig machen,
was Soziologen als „Wertewandel" und „Individualisierung"
beschreiben.
  Problematischer als der Rückgang des demokratischen
Engagements ist wohl das rapide abnehmende Vertrauen
der Bevölkerung in die Politik des Staates und der politischen Parteien. Nach repräsentativen Umfragen hat sich die
Enttäuschung über alle politischen Parteien in den letzten
zehn Jahren nahezu verdoppelt. Auch das Vertrauen in alle

wichtigen demokratischen Institutionen ist in den letzten zehn Jahren deutlich gesunken. Was den Verfall der *persönlichen* Glaubwürdigkeit der Politiker betrifft, so ist das Ansehen dieser Berufsgruppe auf einem Tiefpunkt angelangt. Die am häufigsten mit dem Politikerberuf assoziierten Vorwürfe sind heute: Unehrlichkeit, Bestechlichkeit, Eigennutz, Handlungsunfähigkeit und Unglaubwürdigkeit.

Dieses Negativ-Image verdanken die Politiker natürlich nicht nur ihrem eigenen Verhalten, sondern auch der Art und Weise, wie ihr Tun und Lassen öffentlich wahrgenommen wird – und wie darüber in den Medien berichtet, gewertet und diskutiert wird. Zweifellos läßt sich in der üblichen Medienberichterstattung ein wichtiger Faktor ausmachen, der das Unbehagen gegenüber den vermeintlichen oder tatsächlichen politischen Übeln noch verstärkt. Seit jeher verstehen sich die freien Medien und die kritischen Journalisten auch als Hüter der öffentlichen Moral und sehen in der Aufdeckung von Mißständen eine wichtige Aufgabe. Dieses Rollenverständnis führt aber auch oft zu einem Negativismus, dem die „gute Nachricht" nicht erwähnenswert – oder die Schilderung der Normalität als langweilig erscheint.

Andererseits ist es bei der zunehmenden Komplexität und globalen Interdependenz der politischen Sachprobleme überaus schwierig geworden, dem Publikum ein objektives, differenziertes Bild zu vermitteln, also zur Klärung der Unübersichtlichkeit beizutragen. Die notwendige Reduktion der Komplexität geschieht dann freilich oft auf dem Wege der Simplifizierung und Personalisierung politischer Zusammenhänge nach dem Motto: Warum gleich sachlich werden, wenn's auch persönlich geht. Die Kapitulation vor dem komplizierten Sachverhalt führt leicht zu einer emotionalen und moralisierenden Auseinandersetzung mit Personen. Beim Fernsehen herrscht überdies ein Visualisierungsdruck und Unterhaltungszwang vor, die es kaum zulassen, begrifflich unter die sichtbare Oberfläche zu dringen und die Wurzeln der Probleme auszugraben.

Sind die Politiker wirklich so schlecht, wie sie zu sein scheinen oder wie sie gemacht werden, oder sind bloß die moralischen Maßstäbe und Erwartungen zu hoch und einseitig angesetzt? Inzwischen beeilen sich die Politiker, ihr Image moralisch aufzubessern. „Politische Kultur" ist wieder gefragt, regelmäßig vor allem im Wahlkampf, in dem Stilfragen entscheidend werden können. Dabei reagiert das sittliche Gefühl des Publikums besonders empfindlich auf die Umgangsformen der Politiker, während die moralische Qualität bestimmter politischer Sachinhalte weniger Aufmerksamkeit findet.

Man würde sich z. B. viel stärker moralisch entrüsten über einen Finanzminister, der bei einer Steuerhinterziehung ertappt worden ist, als über einen, der eine Steuerreform betreibt, die gravierende Ungerechtigkeiten enthält. Im letzteren Falle liegen die Moral oder ihr Mangel weniger in der konkreten Person als vielmehr in einem abstrakten System, was die moralische Bewertung erheblich erschwert. Denn die Beurteilung eines komplexen Systems setzt zunächst die Kenntnis seiner Funktions- und Wirkungszusammenhänge voraus, bevor man moralische Kriterien der Gerechtigkeit und Solidarität anwenden kann. Gleiches gilt für die politischen Strukturprobleme, die uns heute besonders bedrängen, etwa die Finanz- und Wirtschaftskrise, die wachsende Arbeitslosigkeit, die Erosion der Sozialversicherungen, die Standortfragen der Globalisierung – oder die um sich greifende Korruption. Diesen Problemstau, der sich hier seit Jahren gebildet hat, aufzulösen, ist nicht allein eine Frage der persönlichen Moral, der guten Absichten und Gesinnungen, sondern hängt mit komplexen Sachproblemen und umständlichen demokratischen Entscheidungsverfahren zusammen, die kurze Prozesse nicht zulassen.

Reale Bedingungen demokratischer Politik

Wer sich mit politischen Anstandsformen und Sachproblemen moralisch auseinandersetzt, gerät ins bloße Moralisieren, wenn er keinen realistischen Begriff des Politischen und keinen klaren Blick für die realen Bedingungen und Möglichkeiten des politischen Handelns hat. Der religiöse Enthusiasmus und seine säkularisierte Kehrseite als ideologischer Fanatismus haben eines gemeinsam: Sie begünstigen den politisch unbedarften Moralisten, der von der Wirklichkeit abhebt und nach den Sternen der Utopie greift. Für den verantwortlichen politischen Realisten ist es hingegen immer ein Ding der Unmöglichkeit gewesen, den Himmel auf die Erde herunterholen und das Reich Gottes politisch herstellen zu wollen. Gescheiterte Versuche hierzu hat es in der Geschichte immer wieder gegeben, und man möchte gerne hoffen, daß das Zeitalter der Ideologien, die im 20. Jahrhundert entsetzliche Trümmerhaufen hinterlassen haben, endgültig vorbei sei. Der marxistische Realsozialismus war der Versuch, ein „Paradies auf Erden" hervorbringen zu wollen, eine Art säkularisiertes Reich Gottes auf Erden, in dem aber der Mensch als Kollektiv die Stelle Gottes einnehmen wollte.

Gerade weil sich religiöse Hoffnung auf das politisch nicht machbare ewige „Heil der Welt" bezieht und sich auch nicht mit der ideologischen Vision einer „heilen Welt" ersatzweise abspeisen läßt, kann sich demokratische Politik darauf beschränken und konzentrieren, eine staatliche-rechtliche Gemeinwohlordnung verantwortlich nach jenen Werten zu gestalten, die für alle Menschen, auch die Nichtgläubigen, gelten. Nach einem solchen Politikverständnis kann es nicht um die endgültige Realisierung letzter Glaubenswerte gehen, sondern immer nur um vorletzte Werte, die der sittlichen Vernunft *aller* Bürger zugänglich sind.

Politische Machtfragen

Konkrete Wirkung zeitigt dieser Einsatz für das zeitliche Wohl aller freilich nur auf dem Wege der „Macht", etwas zu bewegen. Ob sie „von unten" oder „von oben" ausgeübt wird: Ohne Macht in irgendeiner Form läßt sich keine Politik machen. Und wer als Moralist die Macht für etwas in sich Unanständiges hält, muß auf Politik verzichten, ohne ihr entrinnen zu können. Denn ein Vakuum der Macht zieht vor allem jene an, die sie mißbrauchen. Allerdings ist in einer freiheitlichen Demokratie die politische Macht vielfältig geteilt und kontrolliert. Sie ist hierzulande so weit eingeschränkt, daß es wegen der föderalistischen Verfassung oft zu gegenseitigen Blockaden von Bundesrat und Bundestag gekommen ist. Und unser Wahlrecht enthält einen eingebauten Zwang zu Koalitionen, mithin also einen Zwang zu dauernden, oft langwierigen und manchmal faulen Kompromissen. Dies erschwert eine klare Wertausrichtung und konsequente Durchsetzung der Regierungspolitik, in der die unterschiedlichen Profile der Koalitionsparteien bis zur Unkenntlichkeit verschwimmen. Der Profilverlust ist besonders bei „großen", also schwarz-roten Koalitionen spürbar – und umgreift beide Koalitionspartner.

Wer als einzelner Politiker kann heute noch machtvolle Entscheidungen treffen, souverän und maßgebend? Auch Bundeskanzler, die laut Verfassung die „Richtlinien der Politik" zu bestimmen haben, können sich oft nur als Moderatoren hervortun. Politikwissenschaftler haben inzwischen auf die „Sündenbockfunktion der Politik" aufmerksam gemacht. Dem Politiker bleibt oft nur noch die Rolle dessen, der „Verantwortung trägt", während die eigentlichen Entscheidungen in anonymen Gremien der Bürokratie, der Wissenschaft und der Interessenverbände gefällt werden. Hier werden ständig neue Kommissionen, Räte, Bündnisse und

Ausschüsse gegründet, die meist die Probleme nicht lösen, sondern durch Kompromisse verdecken oder auf die lange Bank schieben. Wenn sich die Ebenen von Entscheidung und Verantwortung derart voneinander entfernen, läßt sich eine erheblich verminderte persönliche Verantwortungsfähigkeit „der" Politiker vermuten.

Kampf der Interessen

Dieser Umstand verdankt sich nicht zuletzt dem massiven Einfluß, den mächtige Interessenverbände auf die politischen Verantwortungsträger und Instanzen ausüben. Nicht die oft aufgebauschten Einzelfälle von Korruption sind hier das moralische Hauptproblem, sondern das Drohpotential einer möglichen Leistungsverweigerung und eines Loyalitätsentzugs. Arbeitgeberverbände können mit Investitionsverweigerung drohen, und die Gewerkschaften mit Streik. Konfliktbereiten Interessenverbänden stehen sehr wirksame Waffen zur Verfügung, die sie gegen die demokratische Regierung richten können. Somit zeugt es schon fast von einer heroischen Moral und der Richtigkeit eines Vorhabens, wenn sich Politiker gegen den kompakten Widerstand der Interessenverbände durchsetzen und sich zum Anwalt derer machen, die kaum organisierbar und damit schwach vertreten sind: die Arbeitslosen etwa, oder Hausfrauen, Mütter und kinderreiche Familien, besonders Ungeborene und Behinderte. Sie können ihre berechtigten Belange kaum öffentlich artikulieren und machtvoll zur politischen Geltung bringen.

Die Politik ist also vom Kampf der Interessen durchdrungen und vom demokratischen Wettbewerb um die Macht hart geprägt. Unter diesen Umständen ist sie also eine „res dura", eine harte Angelegenheit, und begünstigt bestimmte

Verhaltensweisen, die moralisch zweifelhaft sind: wie etwa den Egoismus der Gruppen, das Denken in Kategorien von Freund und Feind, aber auch eine Mehrheitsgläubigkeit, die keine Rücksicht auf die Rechte von Minderheiten nimmt. Offensichtlich erschwert schon der ständige Zwang zum Kompromiß eine reine und glaubwürdige Darstellung von moralischen Werten in der Politik.

Moralische Wertkriterien

Dennoch ist die moralische Frage unverzichtbar. Sogar der Machttheoretiker Machiavelli kam ohne Moral nicht aus, wenn er sie auch vor allem zur Bemäntelung fürstlicher Macht empfahl. Der Fürst, so meinte er, müsse nicht moralisch sein, sondern nur so erscheinen. Diese nicht nur in der Renaissance weitverbreitete Praxis stößt jedoch regelmäßig auf den Widerstand derer, die sich ein sensibles moralisches Gewissen bewahrt haben – oder selber Opfer politischer Willkür geworden sind. Wie jedes menschliche Handeln muß sich auch das politische, das nicht nur technische Sachfragen betrifft, moralisch bewerten und gestalten lassen. Aber was sind und woher beziehen wir die maßgebenden Wertkriterien und Tugenden?

Vor allem können sich Christen nicht mit einem gängigen Wertrelativismus anfreunden, der seine Kriterien aus einem jeweils demoskopisch erhobenen „Wertewandel", einer bloßen Mehrheitsentscheidung oder einem gängigen Zeitgeist bezieht. So läßt sich, um zwei extreme Beispiele zu nennen, der Archipel Gulag nicht mit dem Hinweis auf den revolutionären Wertewandel von 1917 entschuldigen; oder gar Auschwitz mit dem gewandelten Zeitgeist von 1933 relativieren. Die Moral fragt nicht nach der „Normativität des Faktischen", sondern fordert die Faktizität des Normativen.

Und das ethisch Normative läßt sich nicht begründen auf das, was zufällig und empirisch greifbar vorhanden ist, sondern bezeichnet das Gute, das sein *sollte*. Die moralische Unterscheidung ist die zwischen „gut" und „böse" bzw. „schlecht". Diese Unterscheidung setzt freilich einen orientierenden und haltgebenden Maßstab voraus, der dem Wandel des Zeitgeistes und den Modeströmungen einigermaßen enthoben ist. Solche Maßstäbe finden sich in den geschichtlichen Erfahrungen eines Volkes, einer Kultur, aber auch und vor allem in den religiösen Traditionen und Glaubensgemeinschaften. Moralische Imperative spiegeln sich auch im unverfälschten Gewissen eines jeden Menschen, der spätestens dann, wenn er sich selber als Opfer böser Machenschaften erfährt, zu ahnen beginnt, was eigentlich für alle positiv gelten sollte. Wer die Existenz universaler moralischer Werte anerkennt, wird das Ethische nicht mit dem Ästhetischen verwechseln können. Moralische Verantwortung achtet nicht bloß pragmatisch darauf, „was ankommt", sondern fragt danach, „worauf es ankommt", damit das Leben aller Menschen gelingen kann.

Diese bis heute umstrittene Grundfrage läuft für Christen auf die Alternative hinaus: Soll man sich an eine religiös begründete Moral halten, die nur für die Gläubigen gilt, aber doch gesamtgesellschaftlich-politisch wirksam werden soll? Oder soll man sich an ein allgemeingültiges Sittengesetz halten, das in der praktischen Vernunft bzw. im Gewissen verankert ist? Relativ unproblematisch, weil sowohl biblisch bezeugt als auch vernünftig einsehbar, ist das politische Handeln nach der „Goldenen Regel": Was du nicht willst, das man dir tu', das füg' auch keinem anderen zu. Ähnliches hat Immanuel Kant mit seinem „Kategorischen Imperativ" zum Ausdruck bringen wollen. Auf breite Zustimmung stoßen auch in einer säkularisierten Gesellschaft die Zehn Gebote, die für Juden, Christen und (eingeschränkt) auch für Muslime verbindlich sind – und so etwas wie eine „geronnene Menschheitserfahrung" darstellen. Aus diesem Grunde haben vor einigen Jahrzehnten die katholischen und evangelischen deutschen Bischöfe in einer gemeinsamen Stellungnahme die Zehn Gebote für die Politik konkretisieren können.

Anders steht es freilich mit einigen radikalen und rücksichtslos klingenden Forderungen der „endzeitlichen" Ethik Jesu, die sich nicht als soziale oder politische Ethik versteht und auch keine allgemeine Gesetzesethik darstellt. So lassen sich etwa die Gebote des Schuldenerlassens und der grenzenlosen Vergebungsbereitschaft – wie auch die Verbote des Zürnens, des begehrlichen Blickes, des Schwurs, des Widerstandes und der Ehescheidung nicht als politische Normen verallgemeinern oder gar mit rechtlichen Zwangsmitteln durchsetzen. Denn diese Anforderungen richten sich an einzelne Gläubige, die ihnen nur entsprechen können, wenn ihr Handeln zuvor durch Gnade ermöglicht wurde.

Eine Politik, die auf Glaube und Gnade aufbaut, ist vielleicht in einem Kloster möglich, aber auch dort nur eingeschränkt. Das politische Ordnungshandeln in einer weitgehend säkularisierten und pluralisierten Großgesellschaft kann sein Maß nicht an der Bergpredigt nehmen, mit der sich, wie Bismarck bemerkte, kein Staat machen läßt. Wie verderblich für die Politik und wie diskreditierend für den Glauben sich eine politisch-fundamentalistische Glaubensethik auswirken kann, wird gegenwärtig in einigen islamischen Staaten sichtbar.

Was bleibt nun nicht nur für Christen, sondern für alle Bürger in der demokratischen Politik verbindlich – und worin sollen sie sich moralisch bewähren? Diese Frage ist nicht leicht zu beantworten. Eine allgemeinverbindliche Antwort müßte ziemlich abstrakt ausfallen, ohne andererseits völlig inhaltsleer zu sein. Denn moralisch-normative Werte sollen ja lediglich eine Orientierung bieten und die Richtung anzeigen, in der nach konkreten Lösungen zu suchen ist.

Die kommunikative Suche nach für alle tragbaren Lösungen setzt jedoch bereits die allgemeine Beachtung von Grundwerten voraus, ohne die ein gesellschaftlicher Diskurs nicht gelingen kann. Diese Grundwerte müssen der Natur des Menschen entsprechen und dürfen nicht beliebig postuliert werden. Sie sind der Gesellschaft vorgegeben, also Voraussetzungen und nicht erst Folgen einer gesellschaftlichen Kommunikation oder Übereinkunft. Man kann sich z. B. nicht mit anderen über den Grundwert der Wahrheit verständigen, wenn man sich nicht bereits während des kommunikativen Prozesses an die Wahrheit hält. Mit notorischen Lügnern ist eine Verständigung unmöglich. Dasselbe gilt auch für die Grundwerte der Gerechtigkeit, der Liebe (bzw. Solidarität) und der Freiheit. Eine konkrete Vereinbarung über sie ist nur dann möglich, wenn bereits gerechte, solidarische und freie Gesprächsbedingungen herrschen. Diese Grundwerte lassen sich auch als Friedenswerte auffassen, ohne deren Beachtung kein Konsens, kein sinnvoll geordnetes Zusammenleben innerhalb einer Gesellschaft und zwischen den Staaten möglich ist.

Neu sind diese vier Grundwerte gewiß nicht. In seiner Enzyklika „Pacem in terris" (1963) hat Johannes XXIII. seine Friedenslehre auf eben jene Werte aufgebaut: Wahrheit, Gerechtigkeit, Liebe und Freiheit. Sie kommen einem von Kindesbeinen an ziemlich bekannt vor. Sie finden sich in unterschiedlichen Formulierungen und Deutungen auch in fast allen deutschen Parteiprogrammen (als Freiheit, Gerechtigkeit und Solidarität; die „Wahrheit" sucht man vergebens). Schon ein gedeihliches Familienleben hängt nämlich von jenen gelebten Werten und Tugenden ab, die − praktisch eingeübt − zur „zweiten Natur" werden: wenigstens als selbstkritische, das persönliche Gewissen schärfende Fragen, die uns den bleibenden Abstand zwischen dem moralischen Anspruch und der oft miserablen Faktizität ständig vor Augen führen. Wenn sie in Frageform vorgetragen werden, entfalten die moralischen Grundwerte ihr notwendig kritisches Potential. Eine Verwechslung mit der vermeintlich „normativen Kraft des Faktischen" ist dann nicht mehr so leicht möglich. Diese Grundwerte gehören zum christlich-abendländischen Kanon. Andererseits könnte man im Anklang an Heraklit oder Darwin geschichtsmetaphysisch behaupten: Nichts ist beständiger als der Wandel, in dem alles, auch die schönsten Werte, zu zerfließen scheint. Nach der Logik dieses Wertewandels, der das Bewußtsein der Massen prägt, gehört die „Umwertung aller Werte" zum normalen Spiel jener Kräfte, die ihren individuellen Nutzen maximieren wollen: Aus Wahrheit wird subjektive Ehrlichkeit, Gerechtigkeit degeneriert zur Gleichheit, Liebe vermindert sich zu Solidarität und Sex, und Freiheit wird mit Selbstverwirklichung verwechselt.

Die Rede vom „Wertewandel" wurde aber schnell trivial, als man die Werte oder Wertvorstellungen, die sich wandelten, nicht mehr klar definieren – und den Wandel der Werte nicht mehr bewerten konnte. Gibt es einen Wertmaßstab, mit dem wir den Wandel moralischer Werte bewerten können? Das müßte ein Maßstab sein, der selber dem geschichtlichen Wandel einigermaßen enthoben, universal und reziprok gültig ist, damit man geschichtliche und kulturübergreifende Verhaltensweisen angemessen beurteilen kann. Gäbe es einen solchen Wertmaßstab nicht, wären Kannibalismus, Kindermord und Folter nicht zu verurteilen.

Die klassischen Grundwerte beginnen mit der Wahrheit und geben damit eine „Hierarchie der Werte" zu erkennen. Allerdings läßt der heutige Pluralismus bereits Schlüsse auf die gängige Behandlung der Frage nach der Wahrheit zu.

Die alte Pilatus-Frage „Was ist Wahrheit?" wird heute meist ausgeklammert. „Postmoderne" Philosophen scheinen nur individuelle Wahrheiten als subjektive Interpretationen zuzulassen. Und was die *wahre* Freiheit (Gerechtigkeit, Liebe) bedeutet, ist fraglicher denn je. Dabei ist der Wahrheitsanspruch nicht erst Ergebnis, sondern Voraussetzung jeder Kommunikation. Wie wäre sonst ein Dialog mit dem Islam (und anderen Weltreligionen) möglich? Das Dilemma eines globalen Dialogs in Sachen Grundwerte scheint gegenwärtig kaum auflösbar zu sein. Man kann sich mit „den anderen" nicht über die wahren Grundwerte verständigen, wenn nicht schon in der Kommunikation diese Wahrheit praktiziert wird.

Letztlich sind die Grundwerte in der Menschenwürde – und diese in der Gottebenbildlichkeit – begründet und erhalten von dort her ihr Maß und ihre Verbindlichkeit. In der personalen Würde und Freiheit des Menschen liegt auch der Grund für seine unveräußerlichen Rechte, die allerdings verbunden sind mit den entsprechenden Pflichten, die Rechte anderer zu respektieren. Ob die konkreten politischen Forderungen und Strukturen, die sich auf diese Werte, Rechte und Pflichten berufen, notwendig aus ihnen folgen, kann hier und dort bestritten werden. Es gibt schließlich mehrere Wege, auf denen man ein Ziel erreichen kann. Auch Umwege. Daß man sich möglicherweise auf Abwegen oder Holzwegen befindet, stellt sich oft erst nachträglich heraus. Darum gehört die Möglichkeit von Kurskorrekturen und kritischen Einwänden wesentlich zu einer moralisch verantwortbaren Demokratie.

Katholiken im politischen Leben

Ohne die Beachtung der Werte scheinen Dialog und Kooperation, also der Friede zwischen den Kulturen, kaum möglich zu sein. Die Frage ist schließlich, ob wenigstens die Kirche im globalen Wirrwarr der Werte zur Klärung und Verständigung beitragen könnte. Die öffentlichen Bereiche von Politik, Wirtschaft und Gesellschaft werden in ihrer krisenhaften Erschütterung gegenwärtig zunehmend mit Sinn- und Wertfragen konfrontiert, auf die der gewöhnliche Pragmatismus keine Antwort zu geben vermag. Auf die vielfältigen Anfragen reagiert der postmoderne Markt der Möglichkeiten mit zahlreichen Angeboten von Sinn und Unsinn, die inzwischen ins Unübersichtliche gewuchert sind und die Orientierungslosigkeit eher noch verstärken. Zweifellos haben sich die religiösen Bindungen der Grundwerte immer mehr gelockert, auch der menschliche Lebenswert ist ins Wanken geraten und hat an Plausibilität eingebüßt.

In dieser zu Beliebigkeit und Willkür tendierenden Situation der Pluralität von Wertvorstellungen, die sich auch noch ständig wandeln, haben es die Kirchen nicht leicht, die klassischen Werte und Tugenden zu vermitteln. Ja sie sind gelegentlich selber ratlos und unsicher, den durch sie überlieferten Werten eine zeitgemäße Fassung, eine konkrete Form und einen verbindlichen Ausdruck zu geben. Als Sinnvermittlungsinstanzen haben die Kirchen ernstzunehmende Konkurrenz bekommen, besonders in den elektronischen Bildmedien, die den Lebensstil immer stärker bestimmen.

Stellungnahmen der katholischen Weltkirche zu politisch-ethischen Ordnungsfragen sind eher selten. Das hängt gewiß auch damit zusammen, daß das kirchliche Lehramt nicht den Eindruck erwecken will, in die Macht- und Interessensphäre demokratischer Politik autoritativ zu intervenieren und im Streit der politischen Parteien selber zur Partei zu werden.

Freilich ist nicht zu verkennen, daß der gesellschaftliche Pluralismus und die politische Demokratie weltweit vor großen Problemen stehen und mancherorts auch krisenhaft erschüttert sind. Die mit den (post)modernen Phänomenen der Individualisierung und Pluralisierung zusammenhängenden Probleme lassen einen Mangel an allgemeinen Sinn- und Wertstrukturen erkennen: Der sinnstiftende Zusammenhang des Pluralismus schwindet, und die Grundwerte, von denen die Demokratie lebt und auf die sie ausgerichtet sein soll, geraten in Vergessenheit. Darum ist es sinnvoll und sogar notwendig, daß sich das kirchliche Lehramt zu diesen Fragen äußert und dabei jene Werte in Erinnerung ruft, von denen der Bestand einer menschenwürdigen Gesellschaft auch politisch abhängt.

Die von Joseph Kardinal Ratzinger verfaßte Stellungnahme der Vatikanischen Glaubenskongregation aus dem Jahr 2002 trägt den etwas komplizierten Titel „Lehrmäßige Note zu einigen Fragen über den Einsatz und das Verhalten der Katholiken im politischen Leben". Sie wendet sich „in besonderer Weise an die katholischen Politiker sowie an alle gläubigen Laien, die zur Teilnahme am öffentlichen und politischen Leben" berufen sind, und zwar weltweit. Damit respektiert die Kirche die „Arbeitsteilung" zwischen Klerus und Laien. Es sind die Laien, die als kompetente Fachleute in konkreten politischen Sachbereichen „autonom" wirken. Das politische Engagement läßt sich freilich nicht von den religiösen und moralischen Grundlagen ablösen. Und besonders von katholischen Politikern ist zu erwarten, daß sie sich nicht rein pragmatisch oder nach Nützlichkeitserwägungen verhalten, sondern ihr Gewissen strapazieren.

Das römische Dokument will zur politischen Gewissensbildung anregen und damit die politische Praxis auf grundlegende ethische Orientierungen hinweisen. Es erinnert uns zunächst an Thomas Morus, den Patron der Regierenden und der Politiker. Dieser Heilige richtete sich auch im politischen Leben nach seinem Gewissen – und wurde dafür hingerichtet. Mit seinem Martyrium bezeugte er, daß es auch in der Politik zuweilen um Gewissensentscheidungen geht, die keinen bequemen Kompromiß zulassen.

Gegenwärtig wächst die Gefahr eines sehr problematischen ethischen Pluralismus, der auf eine völlige Relativierung und Auflösung zentraler Prinzipien hinausläuft. Angesprochen ist hier der Kernbereich absolut und universal gültiger Prinzipien, die im Glauben wie auch im natürlichen, d. h. der Vernunft zugänglichen Sittengesetz verankert sind. Zu den moralischen Prinzipien, die „keine Abweichungen, Ausnahmen oder Kompromisse irgendwelcher Art zulassen", zählen vor allem die Verbote der Abtreibung und der (aktiven) Euthanasie. Von daher sollte es eigentlich für Katholiken – und nicht nur für sie – selbstverständlich sein, sich für das „vorrangige Recht des Menschen auf Leben von seiner Empfängnis bis zu seinem natürlichen Ende" (Nr. 4) schützend einzusetzen. Und zwar gerade auch in Politik und Gesetzgebung. Wo der an sich absolut gebotene Lebensschutz auf gesetzlicher Ebene bereits unterlaufen wurde, bleibt es freilich erlaubt, auf dem Weg des parlamentarischen Kompromisses zu einer *Schadensminimierung* beizutragen.

In der aktuellen bioethischen Debatte kommt es vor allem auf den Schutz menschlicher Embryonen an, die nicht als bloße Objekte wissenschaftlicher Forschung und medizintechnischer Verwertung herabgewürdigt werden dürfen. Unaufgebbar sind überdies die naturrechtlichen Forderungen, Ehe und Familie zu schützen, das Erziehungsrecht der Eltern zu wahren, die Religionsfreiheit zu gewährleisten sowie den Frieden zu fördern.

Hierbei handelt es sich keineswegs um „konfessionelle Werte", die nur für Katholiken oder Christen gelten und die in der „Laizität" einer säkularen pluralistischen Gesellschaft bedeutungslos wären. Vielmehr lebt auch die Autonomie der politischen Sphäre, um menschlich zu bleiben, von der Anerkennung jener prinzipiellen Wahrheiten, die im menschlichen Wesen, d. h. im natürlichen Sittengesetz aufleuchten. Diese Wahrheiten sind der beste Schutz gegen Utopien und Ideologien, die schon in den letzten Jahrhunderten soviel Unheil angerichtet haben. Sie verpflichten namentlich die Katholiken, die nicht nur privat, sondern auch öffentlich und politisch, nicht nur in ihren konfessionellen Gruppierungen, sondern in ökumenischer Öffnung und Zusammenarbeit für diese Wahrheit Zeugnis ablegen. Es ist die Wahrheit, die uns frei macht. Dadurch können wir einen wesentlichen Beitrag zur Sinnerfüllung des Pluralismus und zur Bewältigung gegenwärtiger Krisen leisten.

Recht und Moral

Angesichts wachsender Wirtschaftsvergehen, Korruption, Gewalt und Willkür glauben viele Politiker, besonders in Deutschland, den Mangel an persönlicher Moral durch zunehmende Verrechtlichung des gesellschaftlichen Lebens auszugleichen. Der rechtliche Zwang führt aber zur Einengung persönlicher Freiheits- und Verantwortungsspielräume. Wenn mangelnde Moral durch zwingendes Recht ersetzt wird, leidet die Freiheit, die eine wesentliche Grundlage des moralischen Handelns bildet. Die besten rechtlichen Strukturen und politischen Ordnungen können zugrunde gehen, wenn die einzelnen Subjekte nicht mehr freiwillig tugendhaft handeln. Die Korruption der politischen Moral beginnt im lasterhaften Verhalten der Bürger. Ohne gemeinwohlbewußte, moralisch engagierte Demokraten gibt es keine Demokratie, die sich ethisch legitimieren ließe. Leider zeichnet sich unsere Rechtsordnung dadurch aus, daß sie immer mehr rechtlich unter Zwangsandrohung zu regeln versucht, was auf der moralischen Ebene als eher zweitrangig gelten kann. Die Ausdehnung der Tatbestände betrifft dabei vor allem Diskriminierungen jeder nur denkbaren Art, den Gesundheitsschutz der Nichtraucher, den Umweltschutz, den Datenschutz – nur nicht den Schutz der Ungeborenen, deren Lebensrecht als höchst gefährdet gelten muß. In dieser zentralen Frage hat der Rechtsstaat durch Unterlassung zu einer völligen Verschiebung des moralischen Problembewußtseins beigetragen.

Die Annahme, bei den Berufspolitikern handele es sich um die negative Auslese einer Bevölkerung, die sonst nur aus Tugendbolden besteht, ist kaum haltbar. „Wieviel" Moral sich ein Politiker leisten kann, hängt nicht zuletzt von der Disposition der Parteien und ihrer Mitglieder, von den wertbewußten Bürgern und Wählern ab. Heilige in der Politik sind ziemlich selten, also Persönlichkeiten wie Thomas Morus und Nikolaus von der Flüe. Leider sind Politiker, nüchtern betrachtet, eher Abbilder als Vorbilder einer Gesellschaft, die sie demokratisch gewählt hat. Insofern scheint jedes Volk die Politiker und Parteien zu haben, die es verdient – und jene Form der Demokratie, die zu ihm paßt. Um so notwendiger wäre ein kritisch-konstruktives Korrektiv namens Kirche, die innerhalb der Demokratie für jene moralischen Werte wirkt, welche die Demokratie auf Dauer stabilisieren, die aber die Demokratie nicht selber hervorbringen und garantieren kann. Jedenfalls nicht durch Mehrheitsbeschluß.

WO BLEIBT DAS CHRISTLICHE IM CDU-GRUNDSATZPROGRAMM?

Die CDU hat sich auf ihrem 21. Parteitag zu Hannover (3.–4. Dezember 2007) ein neues Grundsatzprogramm gegeben. Es trägt den schönen Titel „Freiheit und Sicherheit. Grundsätze für Deutschland." Heute würde man wohl – infolge der inzwischen eingetretenen Finanz- und Wirtschaftskrise – die Reihenfolge im Titel ändern und die Sicherheit vor der Freiheit akzentuieren. Welche Partei wollte natürlich nicht beides zugleich haben: Sicherheit *und* Freiheit? Aber welche Sicherheit ist hier angesagt – und für wen? Und welche Freiheit ist hier gemeint, und für wen? Diese Fragen würde die CDU – wie die übrigen Parteien – heute wohl vor allem auf die Wirtschaftsordnung konzentrieren. Aber der CDU wäre es heute besonders peinlich, erklären zu müssen, wie der von ihr mitgetragene staatliche Interventionismus mit der Sozialen Marktwirtschaft vereinbar sei. Wie lassen sich Verstaatlichung und Enteignung mit dem „Recht auf Eigentum" vereinbaren, das die CDU in ihrem Grundsatzprogramm zu Recht hervorhebt? „Not kennt kein Gebot" scheint in der gegenwärtig bedrängenden Praxis ein verständliches Gebot zu sein, das sich fest vornimmt, in ruhigeren Zeiten wieder auf den Pfad der Tugend zurückzukehren. Also auf den Weg der Sozialen Marktwirtschaft. Erfinder und Gralshüter dieser ebenso erfolgreichen wie auch sozialethisch anspruchsvollen Wirtschaftsform war die CDU – im Einklang mit den Kirchen.

So wichtig die Rettung der Sozialen Marktwirtschaft für Deutschland und ihre Übertragung auf die globale Wirtschaftsordnung sein mag – CDU-spezifisch ist das ordnungs- und sozialpolitische Konzept inzwischen nicht mehr. Es hat wirkungsgeschichtlich weite Kreise gezogen und damit liberale und sozialdemokratische Programme angesteckt. Und der katholischen Weltkirche ist gegenwärtig daran gelegen, dieses Ordnungskonzept auch global und lehramtlich zur Geltung zu bringen. Man kann nur hoffen, daß die CDU-Praxis sehr schnell wieder auf den Trichter ihres eigenen Programms zurückkommt.

Die Soziale Marktwirtschaft, wenngleich immer noch und bleibend ein Markenzeichen der CDU, ist inzwischen nicht mehr ihr Spezifikum. An diesem Programm von 2007 interessiert hier vor allem das, was als „christlich" zu identifizieren wäre. Nicht in einem exklusiv christlich Sinne. Aber doch als Merkmal, das diese Partei von anderen unterscheidet und eine besondere Wählerschaft anzieht. Kurzum, es geht in der Bewertung des Programms primär um seine Sicht auf das Menschenbild, auf das darin aufleuchtende Verständnis von Menschenwürde und Menschenrechte, auf sein Verständnis von Kirche, Ehe und Familie.

Die „Volkspartei der Mitte"

Die CDU leitet ihre „Grundsätze für Deutschland" mit einem zentralen Satz ein, der schon alles weitere erklärt: „Die CDU ist die Volkspartei der Mitte" (Präambel). Darüber hinaus wendet sie sich „an alle Menschen in allen Schichten und Gruppen unseres Landes" (1). Das ist verständlich und legitim. Aber weiter läßt sich der Adressatenkreis nicht spannen. Da es einer sehr breiten und hohen soziologischen „Mitte" bedarf, um Volkspartei zu bleiben, um Mehrheits- und Regierungsfähigkeit zu gewährleisten, müssen die „Grundsätze", „Werte" und „Ziele" der Partei möglichst weit und formal gefaßt werden. Hier noch von „Mitte" zu reden setzt eigentlich voraus, daß alle zur Mitte gehören oder wenigstens zur Mitte drängen. Zwar grenzt man sich von Links- und Rechtsextremismus ab (50, 288), was diese aber inhaltlich zu bedeuten hätten, bleibt offen.

Ebenso ungeklärt und verschwommen bleiben die drei „Strömungen", die im Programm hervorgehoben werden, weil sie angeblich nach 1945 in der CDU „lebendig" gewesen sind: nämlich die „christlich-soziale, die liberale und die wertkonservative" Richtung (Präambel), die gerade heute von der CDU angesprochen und repräsentiert werden sollen. Freilich standen diese „Strömungen" oder „Wurzeln" (3), wenn sie sich damals überhaupt als solche verstanden haben, alle noch unter einem „christlichen" bzw. naturrechtlichen Vorzeichen. Nicht nur die „Christlich Sozialen", die in den Sozialausschüssen eine eigene politische Heimat in der Union gefunden hatten. Mit der Hervorhebung der besagten „Strömungen" überlagert das Programm den ursprünglichen Unionsgedanken, daß es sich nämlich vorrangig um eine *Union von Christen* beider Konfessionen gehandelt hat. Auch die „Liberalen" und „Wertkonservativen" verstanden sich damals als Christen, die bei allen Unterschieden doch noch eine gemeinsame christliche Wertgrundlage verband.

Grundlegende Gewaltenteilung

Wie der Text beteuert, läßt sich „aus christlichem Glauben kein bestimmtes politisches Programm ableiten" (2). In der Tat sind die Glaubensgrundlagen des Neuen Testamentes und die christlichen Dogmen nicht mit einem politischen Parteiprogramm zu verwechseln. Insbesondere enthält die endzeitliche Ethik Jesu, wie sie in der Bergpredigt radikal zum Ausdruck kommt, keinen Anspruch auf eine rechtlich-strukturelle Ordnung der Gesellschaft, sondern wendet sich an einzelne Gläubige, deren Handeln nach den Weisungen Jesu durch Gnade ermöglicht wird. Glaube und Gnade lassen sich jedoch nicht allgemein voraussetzen, vor allem nicht in einer säkular-pluralistischen Gesellschaft.

Schon das Neue Testament enthält zahlreiche Hinweise auf die grundlegende Gewaltenteilung (nicht Trennung) zwischen Glaube und Vernunft, zwischen Gott und Kaiser, zwischen Kirche und Staat, zwischen Moral und Recht. Diese erste Gewaltenteilung ist konstitutiv für eine freiheitliche Ordnung in Europa geworden. Und sie verbietet einen Integralismus oder Fundamentalismus, der unmittelbar aus dem Glauben konkrete politisch-rechtliche Handlungsanweisungen ableitet, die nicht auch durch die praktische Vernunft geboten sind.

Aus dem eschatologischen Glauben der Christen lassen sich aber wenigstens einige grundsätzliche Vorbehalte ableiten: etwa gegenüber einer utopischen Reich-Gottes-Ideologie, die sich politisch realisieren will. Ferner die Ablehnung eines politischen Messias, der eine weltliche Gottesherrschaft errichten will und in Konkurrenz zu Jesus Christus tritt. Sowie das Verbot, eine Partei wie eine weltliche Ersatzkirche oder Heilsanstalt zu konstruieren. Entsprechende Versuche politischer Religionsformen hat es in der Geschichte öfters gegeben, etwa Nationalsozialismus und Sowjetkommunismus. Heute stellen solche politisch-theologischen Zerrformen für das christliche Bürgertum zwar keine aktuelle Versuchung dar. Die „gefährliche Erinnerung" an sie zu pflegen, wäre indes einer christlichen Partei angemessen.

Im Programm der CDU ist zwar viel von Angeboten die Rede, aber nicht von Geboten. Vieles soll geregelt werden, aber christliche Verhaltensregeln werden nicht ausdrücklich genannt. Freilich legt uns schon die allgemeine Vernunft die Beachtung der biblisch bezeugten „Goldenen Regel" nahe: „Was du nicht willst, das man dir tu', das füg' auch keinem andern zu." Inhaltlich wird diese (negativ formulierte) Regel der Reziprozität durch die Zehn Gebote gefüllt, die, wie sogar der „Spiegel" zu Ostern 2006 entdeckte, „zum kostbarsten Schatz des kulturellen Gedächtnisses der Menschheit" gehören. Ihr Geltungsanspruch erstreckt sich geschichts- und kulturübergreifend auf alle Menschen. Sie verdienen es, für alle verbindlich zu sein, und eignen sich somit als Grundlage für ein globales Weltethos. Und ganz besonders als Grundlage für eine Partei wie die CDU.

Zu Recht haben die Päpste den Inhalt des Naturrechts mit den Imperativen der Zehn Gebote verknüpft und aus den Pflichten die Menschenrechte abgeleitet. Denn wozu man verpflichtet ist, dazu muß man auch berechtigt sein. So folgt aus dem 5. Gebot „Du sollst nicht töten" das Recht auf Leben. Zu schützen sind nach der Logik der Zehn Gebote überdies die Institutionen von Ehe, Familie und Eigentum, ohne die ein freiheitlicher Staat nicht existieren kann. Es würde sich für eine C-Partei lohnen, gemeinsam mit den Kirchen die stets aktuelle Bedeutung des Dekalogs zu entfalten. Solche Aussagen hätten gut in die Präambel des Parteiprogramms gepaßt. Gerade weil diese Gebote nicht exklusiv christlich sind.

Zum „christlichen" Menschenbild

Doch wählte die CDU einen anderen normativen Ansatz, nämlich das „christliche Bild vom Menschen". Dies ist gewiß legitim und soll der Legitimation einer C-Partei dienen. Aber dieses Menschenbild wirkt schließlich wie ein Konstrukt, das sich aus unterschiedlichen Elementen zusammensetzt. Überdies ähnelt dieses Bild einer abstrakten Malerei (oder dem Richter-Fenster im Kölner Dom), die ihren Gegenstand nur vage und andeutungsweise erkennen läßt.

Das Papier geht im ersten Teil ausführlich auf das „christliche Menschenbild" einschließlich der Menschenwürde ein – und leitet daraus die drei üblichen Grundwerte ab: Freiheit, Solidarität und Gerechtigkeit, die sich auch in den Programmen anderer Parteien finden. Da wäre es schon zur Unterstreichung der eigenen christlichen Glaubwürdigkeit sinnvoll gewesen, den vierten Grundwert der Katholischen Soziallehre, nämlich die Wahrheit oder wenigstens die Wahrhaftigkeit zu erwähnen. Statt dessen wird schon in der Präambel auf die „Fehlbarkeit", wenig später auf die menschliche Anfälligkeit für „Irrtum und Schuld" (7) rekurriert. Das klingt wie eine vorweggenommene Einräumung eines Irrtums, von dem die CDU einen reichlichen Gebrauch zu machen gedenkt.

Christlich müßte man eigentlich die allzu menschliche „Schuld" auf die Erbsünde zurückführen. Daran anknüpfend hätte man auf die bleibende Erlösungsbedürftigkeit des Menschen und zugleich auf die Bedeutung der Schöpfungslehre und der christlichen Erlösungsbotschaft hinweisen können. Diese Lehren haben auch eine durchaus politische Bedeutung. Sie enthalten nämlich die Absage an alle Versuche, einen „neuen Menschen" zu schaffen oder eine Art kollektiver Selbsterlösung zu betreiben.

Die CDU warnt im Zusammenhang mit der Irrtumsanfälligkeit lediglich vor „ideologischen Heilslehren und einem totalitären Politikverständnis" (7). Sie mag dabei vor allem an Kommunismus und Nationalsozialismus gedacht haben, auf die sie später und am Rande zu sprechen kommt (129, 350). Neuere politische Quasireligionen mit innerweltlichem Heilsanspruch und antichristlicher Ausrichtung werden allerdings kaum in den kritischen Blick genommen. So etwa die neue Gesundheitsreligion, für die in der Stamm-

zellforschung Embryonen geopfert werden. Oder die vorge-
burtliche eugenische Selektion und die Genmanipulationen,
die auf die Züchtung „optimierter Menschen" hinauslaufen.
Oder die neue Rede vom „lebensunwerten Leben", die zur
aktiven Euthanasie führt. Mit diesen heute besonders gefährlichen Ideologien, die
in ihren sozialdarwinistischen Tendenzen an eine unselige
deutsche Vergangenheit erinnern, hätte sich die CDU pro-
grammatisch auseinandersetzen müssen. Denn diese Tendenzen sind dem „christlichen Menschenbild" diametral ent-
gegengesetzt. Sie sind überdies Anzeichen eines totalitären
postmodernen Relativismus, der nicht nur den politischen,
sondern auch jeden religiös-sittlichen Wahrheitsanspruch
leugnet. Bis auf den Satz „alles ist relativ" leugnet der Relativismus jede Wahrheit. Und gerade darin liegt die Wurzel
eines säkularen Fundamentalismus der Beliebigkeit. So weit
geht die CDU natürlich nicht. Wenn er auch unausgespro-
chen bleibt, erhebt sie wenigstens indirekt einen Anspruch
auf eine Wahrheit, die über den Relativismus hinausgeht.
Sonst könnte sich die Partei jede inhaltlich-programmati-
sche Aussage ersparen.

Wahrheitsanspruch im Relativismus

„Die Partei, die Partei, die hat immer recht! Und, Genos-
sen, es bleibe dabei ...", behauptete ein Lied der SED. Es
ist überaus löblich, daß heute keine Partei mehr solche
Behauptungen besingt. Und daß die CDU keinen Unfehlbarkeitsanspruch erhebt, ist eine bare Selbstverständlicheit
ihrer christlichen Tradition. Darum geht es auch nicht. Es
geht um die Frage der grundsätzlichen Wahrheitsfähigkeit
des Menschen. Es geht um die Wahrheit über den Menschen: Was ist der Mensch, „quid est ergo homo"?

Auf diese klassisch-metaphysische Frage hat „Gaudium et spes", das bedeutende Dokument des Zweiten Vatikanischen Konzils, einige passende Antworten gefunden. Es sind Antworten, die bei aller erbsündenbedingten Fehlbarkeit des Menschen doch noch seine natürliche Fähigkeit hochhalten, sein eigenes Wesen wahrzunehmen und allgemeine Sinn- und Wertstrukturen aus seiner Natur, d. h. der Schöpfungsordnung zu erkennen. Diese Lehre: von der Natur auf die Schöpfung, von der Schöpfung auf den Schöpfer schließen zu können – und dem Geschöpf die gottgeschenkte natürliche Vernunftfähigkeit zuzutrauen, die Spuren Gottes, die „vestigia Dei", aus der Schöpfungsordnung entziffern zu können, diese traditionelle kirchliche Lehre wurde von der Reformation massiv in Frage gestellt.

Vielleicht hat die CDU aus Rücksicht auf ihre protestantischen und nichtgläubigen Mitglieder auf ihr ursprüngliches Naturrechtsdenken verzichtet. Wenngleich auch viele evangelische Christen und Theologen auf die metaphysisch-naturrechtliche Rede von der allgemeinen Menschenwürde und der aus ihr folgenden Menschenrechte nicht verzichten mögen. Und zwar in der berechtigten Annahme, daß es zwischen Glaubens- und Vernunftwahrheit keinen grundsätzlichen Widerspruch geben kann, wenn Gott die Quelle aller Wahrheit ist.

Jedes Denken, Reden und Handeln steht immer schon unter dem Wahrheitsanspruch der von Gott vorgegebenen Menschenwürde. Damit sind bereits die drei Ebenen angedeutet, auf denen sich die Spannungsfelder der Wahrheitsfindung darstellen lassen: 1. Entspricht unser Denken der Wirklichkeit? 2. Stimmt unser Reden mit unserem Denken überein? 3. Weicht unser Handeln vom hohen Anspruch unseres Redens ab?

Hier interessiert einstweilen die erste Frage. Faßt man – mit Thomas von Aquin – Wahrheit auf als Übereinstimmung oder wenigstens Annäherung von Ding und Denken, von (äußerer) Wirklichkeit und (innerer) intellektueller Erfassung dieser Wirklichkeit, dann bleibt immer noch die Frage: Auf welche Realität beziehen sich Aussagen, die einen Wahrheitsanspruch erheben? Auf eine vorgegebene Wirklichkeit, welche die Vernunft erfassen und sprachlich zum Ausdruck bringen kann – oder auf eine Wirklichkeit, die erst gedanklich konstruiert und durch Sprache zur Wirkung gebracht wird? Hier öffnet sich ein weites Feld für Irrtum, Ideologie, Utopie, Einbildung, Selbstbetrug und Wunschdenken, wenn man die Realität als solche aus dem Blick verliert.

Der Realitätsbezug, der sich dem ebenso vernunftbegabten wie gläubigen Mitglied und Wähler der CDU geradezu aufdrängt, bezieht sich sowohl auf die empirische als auch auf die metaphysich-naturrechtliche Wirklichkeit, die ihm vorgegeben ist. Sonst sollte man es sich abgewöhnen, von einer allgemeinen und unantastbaren Menschenwürde und von natürlichen Menschenrechten zu reden. Und natürlich, übernatürlich, ist für die Gläubigen gerade Jesus Christus eine unverzichtbare Realität. Er als Person ist der eigentliche „Gegenstand", Grund und Inhalt ihres Glaubens. Aber das Programm der *Christlich* Demokratischen Union bringt es fertig, Jesus Christus mit keinem einzigen Wort zu erwähnen, was für eine C-Partei schon merkwürdig anmutet.

Immerhin wird „Gott" elfmal erwähnt. Aber man wüßte doch gerne, welches Gottesbild hinter dem Menschenbild steht, wenn der Mensch Gottes Ebenbild sein soll. Obwohl sich Christen und Muslime auf den einen, absoluten, transzendenten Gott berufen, unterscheiden sie sich deutlich in den Glaubensinhalten, und zwar vor allem hinsichtlich der Offenbarung und des in ihr vorgezeichneten Gottes- und Menschenbildes. Der islamische Monotheismus drängt zur einheitlich-totalitären Staatsbildung und erhellt nicht, wie der christliche Trinitätsglaube, die dialogische Struktur des Menschen, die gesellschaftliche Pluralität und die staatliche Gewaltenteilung: also das Prinzip der *Einheit in der Vielfalt.* Diese elementaren theologischen Differenzen – besonders in Fragen der Trinität, der Inkarnation und der Kirche – sind gewiß zu beachten, wenn es um das Verhältnis dieser Religionen zueinander und zum Phänomen der Gewalt geht. Und ein künftiger christlich-islamischer Dialog, den die CDU führen will, wird gerade diese theologischen Grundfragen nicht aussparen dürfen. Aber es steht zu befürchten, daß die CDU mit diesem Dialog überfordert ist. Denn sie ist sich ihrer eigenen christlichen Identität durchaus nicht hinreichend bewußt.

Leider schwindet auch das Bewußtsein, daß sich der Mangel an geglaubter, bewußter und gelebter Religiosität unverzüglich eine Kompensation verschafft durch allerlei fremde Götter, ersatzreligiöse Erwartungen und immanente Verheißungen, die die politischen Möglichkeiten und vor allem die menschliche Natur bei weitem überfordern. Dieser Gedanke, daß nämlich die Politik einen religiös-transzendenten Gegenspieler und Partner braucht, um selber säkular zu bleiben und dabei nicht relativistisch zu werden, ist den früheren Generationen der CDU durchaus geläufig gewesen. Er hätte es auch verdient, Eingang in die heutige CDU-Programmatik zu finden.

Christliche Kirchen und Symbole

Immerhin plädiert das Programm dafür, christliche Symbole „im öffentlichen Raum sichtbar bleiben" zu lassen und auch die „christlich geprägten Sonn- und Feiertage" zu schützen (279). Dieser gute Vorsatz wird freilich in der Praxis auch von CDU-Ministerpräsidenten oft unterlaufen. Und Ausnahmen drohen zur Regel zu werden, wie die Ausdehnung der Sonntagsarbeit und der „verkaufsoffenen Sonntage" zeigt. Überdies wird die öffentliche Präsenz christlicher

Symbole (wie Kreuze in Schulen und Gerichtssälen) zunehmend in Frage gestellt, ohne daß CDU-Politiker sich zu einer wirksamen Gegenwehr aufraffen.

Die CDU „bekennt" sich ausdrücklich zur „Eigenständigkeit und Unabhängigkeit" der „christlichen Kirchen und der anerkannten Religionsgemeinschaften" (281), nicht aber zu ihrem inhaltlichen Wesenskern, vermutlich schon deswegen nicht, weil mit „Religionsgemeinschaften" wohl auch die islamischen gemeint sind: „Gleichzeitig erkennen wir an, daß auch andere Religionen Werte vermitteln, die einen positiven Einfluß auf unsere Gesellschaft und unsere freiheitliche Grundordnung ausüben können. Wir achten alle Religionszugehörigkeiten" (280). Wie islamische und andere Religionen zur freiheitlichen Grundordnung stehen, kann die CDU natürlich nicht in einem Grundsatzprogramm überprüfen. Diese Frage ist auch unter Religionsexperten umstritten. Wenigstens warnt das CDU-Programm vor den Gefahren, die der „politische Islamismus", der „terroristische Islamismus" und der „gewaltbereite Fundamentalismus" hervorrufen (292).

Auf die spezifisch geistlich-religiösen Aufgaben der Kirchen geht das Programm nicht ein, sondern sieht sie lediglich in ihrer „Mitverantwortung für das Gemeinwohl" (281). Sie erscheinen vorrangig als soziale Wertvermittlungsagenturen. Unter diesem sozialen Nützlichkeitsaspekt werden dann ihre „vorbildlichen Leistungen im praktischen Dienst am Nächsten" anerkannt und ihre Freiheit, „in die Gesellschaft hinein zu wirken", für „unantastbar" erklärt. Unter diesem Aspekt „bekennt" sich die CDU auch zum bestehenden System der Erhebung von Kirchensteuern" (281). Gegenüber dem vorangegangenen Entwurf, der als Antrag des CDU-Bundesvorstandes formuliert worden war, enthält das verabschiedete Grundsatzprogramm eine wichtige Präzisierung, die den Religionsunterricht betrifft. Im Entwurf trat die CDU dafür ein, „daß christlicher Religionsunterricht in allen Ländern zum Kanon der Wahlpflichtfächer zählt". Im Programm heißt es nun korrekter, „daß konfessioneller Religionsunterricht in allen Ländern zum Kanon der Pflichtfächer zählt" (101).

Insgesamt betrachtet spielen die christlichen Kirchen in diesem Programm nur eine Rolle am Rande, die sich auf soziale Wertevermittlung und Sozialarbeit beschränkt. Als Institutionen geistlicher Sinngebung und religiös-moralischer Kultur werden die Kirchen kaum wahrgenommen. Das läßt darauf schließen, wie weit die CDU bereits von den Kernbereichen der christlichen Kirchen entfremdet ist. Aber die Argumentation zugunsten der gesellschaftlichen Freiheit der Kirche (einschließlich der Kirchensteuer und anderer staatskirchenrechtlicher Garantien) kann sich umkehren, wenn diese nicht die politisch erwartete Gemeinwohlfunktion erfüllt. Etwa dann, wenn sie in Sachen Abtreibung, Euthanasie und Lebensschutz sowie Ehe und Familie andere Aktivitäten entfaltet als die vom Staat erwünschten. Dann könnten die christlichen Kirchen ihren besonderen Gemeinwohlstatus verlieren, zumal auf europäischer Ebene. Denn was als gemeinnützig öffentlich anerkannt wird, entscheidet wohl allein der Staat und die ihn tragenden Parteien und gesellschaftlichen Kräfte.

Ob sich in dieser zugespitzten Situation sogenannte „christliche" oder andere Volksparteien solidarisch zu den Kirchen verhalten, hängt aus parteistrategischem Kalkül wohl davon ab, welche Wirkung die Kirche auf die (mediale) Öffentlichkeit ausübt. Gerade in dieser Hinsicht haben die Kirchen einen erheblichen Bedeutungsverlust zu verzeichnen, der sie für die CDU nicht gerade attraktiv macht. Wenn Kirchen und C-Parteien gegenseitig auf Distanz gehen, bedeutet das aber nicht unbedingt einen strategischen Nutzen für beide.

Menschenwürde und Menschenrechte

Wenn auch das spezifisch Christliche als politisch unbe-
stimmt, zuweilen als bloße Rhetorik erscheint, hätte man
erwarten dürfen, daß sich das CDU-Programm wenigstens
in Fragen der Menschenwürde und der darauf basierenden
elementaren Menschenrechte nicht in inhaltsleer-formale
Sphären verflüchtigt.

Die Nagelprobe für Christen ist hier zunächst die besondere Stellung der Kirchen als vorstaatliche Sinninstanz und
überparteilich wirksame moralische Wertvermittlung. Besonders hinsichtlich des Lebensrechts der Ungeborenen, des
Elternrechts und der Familienförderung. *Grundsätzlich* teilt
hier die CDU auf der moralischen Wertebene die Position
der christlichen Kirchen. Aber wenn es ernst wird, d. h. wenn
konkret rechtliche Definitionen (und damit auch Abgrenzungen) vonnöten sind, taucht sie in diesen Fragen ab und verschwimmt im Ungefähren. Überdies tut sich an einigen Stellen ein großer Graben auf zwischen sittlichem Anspruch und
politischer Praxis.

Beginnen wir mit der *Würde des Menschen.* Diese wird – gemäß der christlichen Tradition – in der Gottebenbildlichkeit
des Menschen begründet, wie das Programm beteuert (5).
Diese gläubige Überzeugung wurzelt in der Schöpfungsordnung und gehört zum christlichen Dogma, zum *depositum
fidei,* wie es in der katholischen Meßliturgie als Gebet zum
Ausdruck kommt: „Gott, du hast den Menschen in seiner
Würde wunderbar erschaffen und noch wunderbarer erneu-
ert."

Der Würde des Menschen kommt also aus dieser gläubigen
Sicht etwas unbedingt Schützenswertes zu, und es scheint,
daß das Programm auch dieser Sichtweise folgt, wenn es
betont: „Wir achten jeden Menschen als einmalige und un-
verfügbare Person in allen Lebensphasen. Die Würde des

Menschen – auch des ungeborenen und des sterbenden – ist unantastbar" (5).

So heißt es im I. Teil des Programms mit ernstem Nachdruck. Die praktische Bedeutung der Würde wird im VI. Teil als Interpretation nachgeliefert und enthält einige Verbesserungen gegenüber dem Programmentwurf: „Die unantastbare Würde des Menschen als Geschöpf Gottes ist menschlicher Verfügung nicht zugänglich und ist zu schützen. Der Mensch ist immer Subjekt, er darf niemals Objekt sein. Die Würde des Menschen ist auch für die Bewertung bioethischer Herausforderungen Ausgangs- und Orientierungspunkt. Sie erfordert Achtung und Schutz des menschlichen Lebens in allen Phasen. Das noch nicht geborene Leben bedarf beginnend mit der Verschmelzung von Samen und Eizelle unseres besonderen Schutzes und unseres kritischen Umgangs mit den sich weiter entwickelnden Möglichkeiten der Pränataldiagnostik. Wir treten für ein Verbot der Präimplantationsdiagnostik (PID) ein. Mit den hohen Abtreibungszahlen, die sich auch aus Spätabtreibungen ergeben, finden wir uns nicht ab. Wir müssen Frauen und Männern dabei helfen, sich für das Leben zu entscheiden" (231).

Das klingt alles sehr zutreffend und feierlich, hat aber einen Haken: Hier erscheint die Würde des Menschen nicht unlösbar verknüpft zu sein mit seinem Recht auf Leben. Vielmehr scheint die Würde nur eine moralische Wert- und Orientierungskategorie zu sein. Von einem daraus folgenden, staatlich garantierten und erzwingbaren Rechtsanspruch der Ungeborenen ist keine Rede. Das Recht auf Leben wird hier nicht als rechtlich einklagbar gesehen, es wird eben nicht – wie die metaphysisch-abstrakte Würde – allem menschlichen Handeln unverfügbar vorangestellt, sondern liegt in der menschlichen Entscheidung. Es ist lediglich eine moralische Pflicht, „Frauen und Männern dabei (zu) helfen, sich für das Leben zu entscheiden". Damit wird wohl besonders auf das Beratungs-

138

system angespielt, das die „Entscheidung" über Leben oder Tod des ungeborenen Kindes den Frauen überläßt.

Daß die freie Entscheidung in dieser Lebensfrage beim einzelnen verbleibt, ohne rechtlich hinreichend vorentschieden und damit abgesichert zu sein, ergibt sich auch aus folgender Bemerkung der Programmschrift: „Jeder muß die Chance auf ein selbstbestimmtes Leben haben" (13). Gerade darauf berufen sich die Anhänger von „free choice". Von dort ist es nur noch ein kleiner Schritt zu einem „Recht auf Abtreibung". Ein solches, vom Europa-Rat bereits postuliertes Unrecht dürfte jedoch gegen unsere Verfassung verstoßen. Denn immerhin hat das Bundesverfassungsgericht die Abtreibung als „rechtswidrig, aber straffrei" bezeichnet. Die besagte „Chance auf ein selbstbestimmtes Leben" kommt natürlich nur den Erwachsenen zu; es erstreckt sich nicht auf die Ungeborenen. Und es ist evident, daß dieses vermeintliche Recht in Konkurrenz zum Lebensrecht der Ungeborenen steht. Welchem Recht gebührt hier der Vorrang? Auf diese Frage gibt das Programm leider keine Antwort.

An einigen Stellen spricht das Programm von der „Natur", ohne das Wort Naturrecht zu gebrauchen. Etwa wenn es heißt: „Solidarität ... entspricht der sozialen Natur des Menschen" (18). Oder wenn gesagt wird: „Der Mensch ist von Natur aus ein soziales, auf Gemeinschaft hin angelegtes Wesen, zur Solidarität fähig und verpflichtet" (180). Diese Stellen lassen sich durchaus naturrechtlich deuten, denn sie beziehen sich auf die normative Natur des Menschen. Im übrigen wird von der Natur nur als Schöpfung im Sinne der Umwelt-Natur geredet, die ökologisch zu schützen ist (8, 41, 236, 238, 252 ff., 257 f., 260 f.). Öfters angesprochen werden auch die empirischen Naturwissenschaften (115, 120, 234).

Im Programm wird die Abwendung der CDU vom Naturrechtsdenken der Katholischen Soziallehre ganz deutlich. Zwar werden die Menschenrechte ziemlich oft erwähnt, meist im Zusammenhang mit der Demokratie (43, 132, 150, 152, 307, 343, 362, 365, 367, 369). Wie sie aber in ihrer Geltungskraft zu begründen und inhaltlich zu verstehen sind, bleibt völlig offen. So kommt es zu der merkwürdigen Formulierung: „Die Grundwerte als unteilbare Menschenrechte gelten universell und über unsere nationalen Grenzen hinaus" (10). Dieser Satz enthält nicht nur eine Tautologie (universelle Geltung impliziert die Geltung über nationale Grenzen hinaus), sondern behauptet auch noch eine Gleichsetzung von Grundwerten und Menschenrechten. Einen großen Bogen macht die CDU um die inhaltliche Präzisierung der Menschenrechte, so daß nicht ausgeschlossen werden kann, daß demnächst auch die Abtreibung, die Selbsttötung etc. als individuelle Freiheitsrechte in den Menschenrechtskatalog aufgenommen werden. Auch fehlt die alte Erkenntnis, daß Rechte immer mit Pflichten korrespondieren und sozial eingebunden sind. Als Naturrechte finden die Menschenrechte ihre Grundlage schließlich in Gott, so daß sie der Natur des Menschen und auch seiner Freiheit vorgegeben und damit der beliebigen Verfügbarkeit entzogen sind.

Unklarheiten herrschen auch über den Begriff der Menschenwürde. Sie scheint nur den „Wertüberzeugungen" anzugehören, und diese „lassen sich nicht staatlich verordnen. Sie bilden vielmehr den gewachsenen gesellschaftlichen Konsens, aus dem heraus Freiheit und Verantwortung gelebt werden", meint das Programm (278). Was heißt hier „staatlich verordnen"? Immerhin steht der Grundwert der Menschenwürde in der Präambel des Grundgesetzes „unantastbar" fest, mit einer juristischen „Ewigkeitsgarantie" versehen. Wäre er vom gesellschaftlichen Konsens abhängig, könnte es schnell um ihn geschehen sein. Und es hieße dann, wie die „F.A.Z." bereits titelte: „Die Menschenwürde war unantastbar". Die Nummer 278 beginnt mit dem schönen, oft zitierten Satz: „Unser freiheitlicher Staat lebt von Voraussetzungen, die er selbst nicht garantieren kann." Daß es sich hierbei um das berühmte Diktum von Ernst-Wolfgang Böckenförde handelt, bleibt unerwähnt. Gewiß war für Bökkenförde das „nicht garantieren" nicht gleichbedeutend mit „nicht staatlich verordnen".

Wie abträglich das klingt, „staatlich verordnen". Es wäre schon viel gewonnen, wenn die CDU gemäß ihrer eigenen Tradition eine stärkere Überzeugungsarbeit leisten würde hinsichtlich jener Werte, die sie im Grundgesetz selber verankert hat. Und die sie sogar in den Landesverfassungen als verbindlich erklärt hat für die Bildungsziele des staatlichen Schulsystems. Die Verfassung für Rheinland-Pfalz nennt in Art. 33 als Grundsätze für die Schulerziehung: „Die Schule hat die Jugend zur Gottesfurcht und Nächstenliebe, Achtung und Duldsamkeit, Rechtlichkeit und Wahrhaftigkeit, zur Liebe zu Volk und Heimat, zu sittlicher Haltung und beruflicher Tüchtigkeit und in freier, demokratischer Gesinnung im Geiste der Völkerversöhnung zu erziehen." Ähnliches über „Werte" steht auch in anderen Landesverfassungen. Die Politiker der CDU sollten vielleicht einmal wieder ihre eigene Verfassung zur Kenntnis nehmen. Schaden kann es auf keinen Fall.

In glücklicher Inkonsequenz formuliert das Programm in seiner Nummer 279 etwas, das im Kontrast steht zum vorangegangenen Abschnitt: „Wir bekennen uns zur Präambel des Grundgesetzes und damit zu unserer Verantwortung vor Gott und den Menschen. Das Grundgesetz beruht auf Werten, die christlichen Ursprungs sind. Sie haben unser Land und unsere Gesellschaft grundlegend geprägt. Sie im Bewußtsein zu halten, zu bewahren und ihnen Geltung zu verschaffen, verstehen wir nicht nur als Aufgabe der christlichen Kirchen, sondern auch als eine vorrangige Aufgabe von Staat und Bürgern." Da ist er also doch, der Staat, der für die „Werte", darunter besonders die Menschenwürde in der

Präambel, eine „vorrangige Aufgabe" zu erfüllen hat. Darauf haben besonders die kirchengebundenen Christen gewartet.

Recht auf Leben

Sie werden aber enttäuscht. Denn eine rechtliche Geltung im Sinne eines Menschenrechts auf Leben hat die Würde nicht. Aber welche Bedeutung hat die Würde für ein ungeborenes Kind, dem man das Recht auf Leben verweigert hat? In der Tötung eines unschuldigen Menschen liegt doch wohl der größte Verstoß gegen die Menschenwürde.

In diesem Auseinanderklaffen von Werten und Rechten zeigt sich ein Grundwiderspruch des CDU-Programms, er wird wenig später sichtbar in den Ausführungen zum Rechtsstaat: „Das Recht gibt unserer Gesellschaft einen Ordnungsrahmen. Es vermittelt Werte und zieht dem Machbaren dort Grenzen, wo Menschenwürde und Freiheit bedroht sind. Unser Rechtsstaat gewährt uns Rechtssicherheit" (287). Dem kann man grundsätzlich zustimmen: Uns bewußt Lebenden gewährt der Rechtsstaat Rechtssicherheit. Wie ist es aber mit dem Lebensrecht der Ungeborenen? Und daß das Recht Werte vermittelt, wird nirgendwo klarer als in der Erfahrung, daß staatliches Unrecht eine Verkümmerung des Wertbewußtseins fördert. Was man heute deutlich an den Folgen des Abtreibungsrechts ablesen kann. Was nicht ausdrücklich unter Strafe verboten ist, gilt bei uns als sittlich „erlaubt": Du darfst! Daraus läßt sich eigentlich nur der Schluß ziehen, daß sich gerade der Wert der Menschenwürde in der Rechtsordnung zum Lebensschutz wieder finden muß.

Zum Grundwert *Gerechtigkeit* heißt es im CDU-Programm: „Wir setzen uns dafür ein, daß jeder Mensch seine Lebenschancen frei und verantwortlich wahrnehmen kann"

(24). Auch diese Aussage bezieht sich leider nicht auf die Ungeborenen. Den Opfern der Abtreibung hat man diese Lebenschancen verweigert. Geradezu anrührend mutet folgende Stelle an: „Niemand darf verlorengehen, keiner darf vergessen werden" (25). Auch dies darf man leider nicht auf die Ungeborenen beziehen, sondern nur auf die „Schwachen und sozial Benachteiligten" unter den Geborenen.

In Anspielung auf die Forschung mit embryonalen Stammzellen zu therapeutischen Zwecken verbleibt das Programm ganz abstrakt im Grundsätzlichen, ohne eine klar abgrenzende Position denen gegenüber zu markieren, die den Embryo als „Menschenmaterial" vernutzen wollen. Hier heißt es: „Auch die Freiheit der Forschung hat die Unantastbarkeit der Würde des Menschen und die Schöpfung zu achten" (40). Und später: „Die Achtung der unantastbaren Würde des Menschen hat für uns Vorrang vor der Freiheit der Forschung und der Sicherung von Wettbewerbsfähigkeit" (233). Und weiter: „Wir wollen die Beibehaltung des konsequenten Embryonenschutzes und wenden uns gegen verbrauchende Embryonenforschung. Dafür setzen wir uns auch auf europäischer und internationaler Ebene ein" (233).

Wie weit dieser rhetorisch proklamierte Vorrang und der „konsequente Embryonenschutz" reichte, zeigte konkret die noch auf demselben Parteitag, der das Grundsatzprogramm verabschiedete, von der CDU – besonders ihrer Vorsitzenden Angela Merkel und der Bundesministerin für Bildung und Forschung Annette Schavan – mitgetragene Erweiterung der Stichtagsregelung. Der makabre Begriff des „Stichtags" taucht freilich im Programm nicht auf. Und weder Frau Merkel noch Frau Schavan wurden wegen parteischädigenden programmwidrigen Verhaltens aus der Partei ausgeschlossen.

Ehe und Familie

Schon wegen des drohenden Zusammenbruchs unserer sozialen Sicherungssysteme kommt die CDU nicht daran vorbei, zum „demographischen Wandel" Stellung zu beziehen: „Eine kinderarme, alternde Gesellschaft steht in einer Welt des raschen Wandels vor großen Bewährungsproben" (52), heißt es zutreffend, wenngleich eher verharmlosend. In diesem Kontext nimmt die CDU leider nicht die gute Gelegenheit war, auf die Sozialschädlichkeit der massenhaften Abtreibungen hinzuweisen. Uns fehlen genau die Millionen Kinder, die wir „rechtswidrig, aber straffrei" haben abtreiben lassen.

Man kann den Autoren des Programmpapiers nicht den guten Willen absprechen, „Ehe und Familie als Fundament der Gesellschaft (zu) stärken." Die CDU „setzt sich nachdrücklich für eine familien- und kinderfreundliche Gesellschaft und für ein gutes Miteinander der Generationen ein" (29). Und weiter heißt es: „Die Vereinbarkeit von Familie und Beruf ist ein Kernbestandteil christlich demokratischer Politik. Wir wollen, daß diejenigen, die in unseren Familien Arbeit und Verantwortung übernehmen, die breite Unterstützung aus allen Teilen der Gesellschaft erfahren und in den Sozialversicherungen wie im Steuersystem bessergestellt werden" (61). Hinzu kommt das Elterngeld fürs erste Lebensjahr der Kinder, das eigens erwähnt wird (81), ebenfalls die schon längst entschiedene „bedarfsgerechte" Bereitstellung von Betreuungsplätzen „für Kinder aller Altersklassen" (87). Auf die Problematik frühkindlicher Fremdbetreuung wird leider nicht hingewiesen.

Die CDU versäumt es nicht, Erziehungsrecht und -pflicht der Eltern hervorzuheben (88). Die Formulierungen bleiben aber hinter dem Grundgesetzartikel 6 Abs. 2 zurück, worin es heißt: „Pflege und Erziehung der Kinder sind das natürliche Recht der Eltern und die zuvörderst ihnen obliegende

Pflicht." Im Grundgesetz ist also *vorrangig* von der *Erziehungspflicht* der Eltern die Rede, und das elterliche Erziehungsrecht gilt dort als ein Naturrecht. Gerade in dieser Frage hätte man sich gewünscht, daß die CDU-Programmatik nicht das ethische Niveau des Grundgesetzes unterschreitet.

Ziel der Familienpolitik ist für die CDU, „daß sich möglichst viele Menschen für ein Leben mit Kindern entscheiden. Es geht deshalb darum, echte Wahlfreiheit zu schaffen, damit Eltern entscheiden können, ob und wie sie Familie und Beruf miteinander vereinbaren" (78). Immerhin scheint hier die CDU in der Betonung einer „echten Wahlfreiheit", die allerdings wirksame Ausgleichsleistungen für die Familienarbeit voraussetzt, diese aufwerten zu wollen. Zweifel daran werden jedoch genährt durch die Gegenüberstellung von Familie und Beruf, als ob die Familienarbeit – wenigstens zeitweise – nicht auch zum Beruf werden könnte.

Aber was ist überhaupt Familie? Sie wird im Programm als „die erste und wichtigste Gemeinschaft" (67) bezeichnet. Damit wird die Ehe als Urgemeinschaft und Grundlage der Familie einstweilen übergangen. Dementsprechend fällt auch die Definition der Familie aus. Es ist eine bloß beschreibende Nominaldefinition, keine ethische Realdefinition: „Familie ist überall dort, wo Eltern für Kinder und Kinder für Eltern dauerhaft Verantwortung tragen" (68). Entgegen der christlichen Tradition kommt die Ehe, deren Zweck auch in der Fruchtbarkeit liegt, in dieser Definition nicht vor. Sie wird aber nachgeschoben, und zwar als „Leitbild der Gemeinschaft von Mann und Frau. Sie ist die beste und verläßlichste Grundlage für das Gelingen von Familie" (70). Dies ist zwar eine rein pragmatische Begründung, keine Wesensbestimmung in christlicher Prägung, so daß das Leitbild sehr verschwommen bleibt. Aber im Vergleich zu den Ehe- und Familienvorstellungen anderer Parteien schneidet das Leitbild der CDU immer noch besser ab.

Das gilt besonders hinsichtlich der gleichgeschlechtlichen Partnerschaften. Deren „Gleichstellung mit der Ehe zwischen Mann und Frau als Kern der Familie" lehnt die CDU „ebenso ab wie ein Adoptionsrecht für gleichgeschlechtliche Paare" (80). Was diese Partei jedoch gegen die inzwischen weitgehend eingeführte Gleichstellung zu tun gedenkt, läßt sie offen.

Zusammengefaßt

Von der CDU erwartet keiner, päpstlicher zu sein als der Papst. Sie stellt ein Programm vor, das ein sehr breites Spektrum anpeilen will: die magische „Mitte". Zielgenauigkeit würde dieses Ziel eher verfehlen. Gleichzeitig und gleichermaßen sollen sich jedoch auch die Stammwähler angesprochen fühlen, nämlich Protestanten und Katholiken, Liberale und Konservative. Freilich können sich liberale Protestanten mit dem Programm eher identifizieren als konservative Katholiken. Schwieriger wird die Identifikationsmöglichkeit bei konservativen Protestanten und liberalen Katholiken einzuschätzen sein.

Agnostiker und Atheisten hingegen dürften ohnehin besser bei den anderen Parteien, vor allem bei den „Linken", der vormaligen SED-PDS aufgehoben sein; es sei denn, sie wären Befürworter der Sozialen Marktwirtschaft. Diese finden ihren Platz auch in der FDP, bei den Grünen – und inzwischen auch in der SPD. Für kirchengebundene Christen entscheidend ist deshalb eben nicht die wirtschafts- und sozialpolitische Ausrichtung dieser Parteien, die sich nur noch in Nuancen voneinander unterscheiden, sondern das „C".

Verglichen mit den Positionen anderer Parteien, leuchtet zwischen den einzelnen Sätzen und Passagen des CDU-Programms immer noch ein beachtliches christliches Gedankengut auf. Bei der bewertenden Analyse des Programms sind nur jene Stellen unter die kritische Lupe genommen worden, die für die grundsätzlichen Wert- und Rechtsfragen, für den Lebensschutz, für Ehe, Familie und Kirche von Belang sind. Und zwar aus christlich-katholischer Sicht. Es bleibt einzuräumen, daß protestantische Christen, die kein kirchliches Lehramt kennen, viel individualistischere Sichtweisen und pluralere Traditionen entwickeln als katholische Christen. Und die CDU ist nie eine rein katholische Partei gewesen. Sie ist vielmehr bestrebt, beide christlichen Konfessionen zu umgreifen. Und sei es auf der Ebene des kleinsten gemeinsamen Nenners.

Entsprechend mager sieht das Ergebnis aus. Zu resümieren bleibt, daß das CDU-Programm in besagter Hinsicht stark defizitär erscheint und vieles in der Schwebe läßt. Letzteres mögen Grundsatzprogramme so an sich haben, denn sie unterscheiden sich von konkreten Aktionsprogrammen und Gesetzesvorhaben dadurch, daß sie im allgemein Grundsätzlichen verbleiben. Allerdings kommt es zu erheblichen Verwicklungen in der konkreten politischen Praxis, wenn die Grundsätze, Werte und Rechtsnormen nicht klar begründet und widerspruchslos formuliert werden.

Gewiß findet sich in diesem ausgedehnten Programm, das viele Themen behandelt, eine Menge vorzüglicher Einsichten und guter Absichten. Und im Vergleich zu den Programmen anderer relevanter Parteien bleibt das der CDU immer noch vorzugswürdig, vor allem was den Lebensschutz betrifft. Aber christliche Mitglieder und Wähler dieser Partei, denen der Schutz des Lebens eine Gewissenspflicht bedeutet, lassen sich nicht gern durch feierliches folgenloses Pathos beschwichtigen und durch vage Zielvorgaben vertrösten. Wenigstens erwarten sie von einem CDU-Parteiprogramm klare und eindeutige Positionen. Und keine vorweggenommenen Kompromisse, die im Wischiwaschi verschwimmen.

Das Papier der CDU ist geduldig. Es könnte aber sein, daß einige ihrer Mitglieder und Wähler langsam die Geduld verlieren. Obwohl das Bohren dicker Bretter Geduld erfordert. Die CDU sollte für Christen nicht nur als geringeres Übel in Erscheinung treten. Und die Christen sollten sich wenigstens an der Minimierung der vorhandenen Defizite beteiligen.

IM STRUDEL DES ZEITGEISTES

Der Geist weht, wo er will. Das gilt auch für den ominösen Zeitgeist, der aber nicht mit dem Heiligen Geist zu verwechseln ist. Das Zweite Vatikanische Konzil hat die Christen angehalten, nach den „Zeichen der Zeit zu forschen und sie im Licht des Evangeliums zu deuten" („Gaudium et spes" 4). Leider werden aber die „Zeichen der Zeit" sehr oft nicht „im Licht des Evangeliums" gedeutet, sondern umgekehrt: das Evangelium im Licht der seltsam widersprüchlichen „Zeichen der Zeit". Diese waren in den 60er Jahren des vorigen Jahrhunderts noch ganz auf Modernität, Fortschritt und Wachstum ausgerichtet. Und sie wurden gern im Sinne einer allzu optimistischen und naiven Weltveränderung interpretiert.

Mit diesen Anpassungen glaubten viele, auf der Höhe ihrer Zeit zu sein. Dabei haben sie nicht gemerkt, daß der Zug der Zeit, kaum waren sie aufgesprungen, schon längst wieder eine andere Richtung genommen hatte. Politische Theologen glaubten in den 68er Jahren, mit der Angleichung an die neomarxistische „Frankfurter Schule" besondern zeitgemäß zu sein; aber da hatte sie bereits ihren Zenit überschritten. Dann kamen Befreiungstheologen in den 70er Jahren auf die Idee, den „klassischen" Karl Marx mitsamt Klassenkampf und Option für den Sozialismus zu beerben. Das war damals schon ein Anachronismus. Mit der Verspätung von einigen Jahrzehnten, aber um so dogmatischer, haben sich dann Theologen wie Eugen Drewermann auf eine Psychoanalyse geworfen, die an unseren Universitäten schon längst abgedankt hatte.

Kirchliche Theologen wie Politiker der CDU fürchten manchmal den Vorwurf, „konservativ" zu sein. Dann sind auch sie anfällig für den Zeitgeist, den andere vorgeben. Oft setzen sie auf das falsche Pferd, während ihnen die richtigen Gäule munter davonlaufen. Und in ihrer Neuerungssucht merken sie nicht, wie schnell sie zum alten Eisen gehören. Darum ist es notwendig, in den zwiespältigen „Zeichen der Zeit" wieder zu einer stärkeren Unterscheidung der Geister zu kommen. Vom Zeitgeist angesteckte „Wertkonservative" haben freilich eine längere Inkubationszeit und größere Heilungschancen. Sie hinken, wie man es den Schweizern nachsagt, dem Zeitgeist hinterher und können noch rechtzeitig umkehren, wenn die Avantgarde des Fortschritts abstürzt. Diese bedächtig nachhinkende Fortschrittlichkeit ist es gerade, die die CDU immer noch vergleichsweise attraktiv macht für konservative Christen.

1968 und folgende

Den Kritikern wie den Verklärern der 68er erscheint 1968 wie eine Zäsur in der Gründungsgeschichte der Bundesrepublik. Bis heute scheiden sich die Geister beim Gedenken dieser Jahre, die so lange nachwirkten. Deren Hauptakteure sind inzwischen bereits verschieden. Oder sie warten in revolutionärer Ungeduld auf eine Rente, die von jenen zu zahlen ist, die trotz der damals propagierten Familien- und Kinderfeindlichkeit zur Welt gekommen sind. Oder sie genießen bereits die Pension eines Staates, den sie bis aufs Messer bekämpft haben. Die meisten von ihnen haben sich jedoch bis zur Unkenntlichkeit gewandelt.

Wer als Angehöriger der *Generation 68* die periodischen Klassentreffen besucht – nicht selten aus makabrer Neugier –, darf sich über den Wandel der Zeiten wundern, der an allen Beteiligten nicht spurlos vorübergegangen ist. Anlaß zur Trauer, auch zur Genugtuung bietet besonders der Anblick der wackeren Veteranen, die damals in Naherwartung des Untergangs der bürgerlichen Welt zugleich die Morgenröte der Weltrevolution aufscheinen sahen. Der linksspontane Enthusiasmus ist entschwunden, geblieben sind Reste eines abgestandenen Emanzipationsjargons und einer Verteilungsgerechtigkeitserwartung, die sich an den Obrigkeitsstaat richtet. *O quae mutatio rerum:* Wie fett und faltig die 68er geworden sind, daß man sie kaum wiedererkennt!

Eine Siegergeschichte sieht anders aus. Für „die" 68er wird freilich eine ganze Generation vereinnahmt, obwohl die meisten Jugendlichen damals gar nicht mitgemacht haben und alles für Klamauk hielten. Aber die 68er Bewegung hatte starke und breite Wirkungen. Sie entstand in den USA und breitete sich wie eine Virusinfektion in den westlichen Industrienationen aus. Getragen wurde sie nicht von Arbeitern, die inzwischen saturiert und in den Mittelstand integriert waren, sondern von privilegierten Intellektuellen und Studenten, die gerade von dieser „bürgerlichen", wohlstandsverwöhnten Welt, ihren überlieferten Wertvorstellungen, Institutionen und „Zwängen" frustriert waren.

Auch in Deutschland ging es ihnen nicht bloß um die Reform der Universitäten. Letztlich ging es um die Kreation eines „neuen" emanzipierten Menschen, einer „neuen" Gesellschaft – ohne Entfremdung und Repression. Der Weg dorthin sollte nicht durch gewaltsame Revolution freigemacht werden. Schon deswegen nicht, weil die entschieden revolutionären Subjekte fehlten, die sich dann später in Terrorgruppen wie der RAF sammelten. Vielmehr sollte der Weg in die allseits befreite Zukunftsgesellschaft durch Reformen geebnet werden, durch kleine Schritte also, die aber im Rahmen einer neuen Konfliktstrategie Erfolg verhießen. Man trat den langen und langsamen „Marsch durch die Institutionen" an. Politiker wie Schröder und Fischer kamen damit durch. Auch manche in der CDU. Das war kein Spaziergang von Flaneuren, sondern harte Anstrengung gewesen, bei der man sich unterwegs gern von einigem ideologischen Gepäck befreite.

Keiner von denen würde heute noch eine Welt verändern wollen, die sie schon damals nicht verstanden haben. Den 68ern mangelte es an nüchternem Realitätssinn, und sie litten an einer krankhaft übersteigerten ideologisch-utopischen Glaubensbereitschaft. Ihre quasireligiösen, völlig säkularisierten Zukunftsverheißungen waren so grundlos und vage, daß sich die empirischen Sozialwissenschaften nicht ernsthaft mit ihnen einlassen konnten. Damals hatten vor allem die Sozialphilosophen der „Frankfurter Schule", also die Horkheimer, Adorno und Habermas, aber auch Marcuse und Bloch, mit ihren hochtrabenden Spekulationen Konjunktur. Deren Kategorien und Begriffe prägten Phantasie und Rhetorik der Zeitgeistverwerter in Politik und Kultur – und leider auch in Theologie und Kirche.

Allerdings geht die heutige Krise der metaphysischen, religiösen und moralischen Werte nicht allein auf das Konto der 68er und ihrer emanzipatorischen Umwertung aller Werte. Hier wären noch ganz andere Bedingungsfaktoren zu nennen, etwa ökonomische. Man spricht heute von der Erosion sämtlicher sozialer Bindungen und Institutionen. Gerade auch im Zusammenhang mit einer „Volkskirche" und einer „Volkspartei". Gegenwärtig erleben wir noch – solange man sich das finanziell leisten kann – eine Hochkonjunktur für Selbstverwirklichungswerte, die uns ungeahnte Möglichkeiten vorspiegeln. Theodor W. Adorno meinte mit Blick auf die Geister, die er selber rief: „Wir werden nicht dadurch freie Menschen, daß wir uns selbst, nach einer scheußlichen Phrase, als je einzelne verwirklichen, sondern dadurch, daß wir aus uns herausgehen, zu andern in Beziehung treten und in gewissem Sinn an sie uns aufgeben." Das bedeutet nichts anderes als: soziale Aufgaben wahrnehmen und moralische Pflichten erfüllen.

Der Alt-68er Josef Fischer fand in seiner Programmschrift „Die Linke nach dem Sozialismus" schon 1992 zur alten Einsicht zurück: „Eine Ethik, die sich nicht auf die tiefer reichende normative Kraft einer verbindlichen Religion ... stützen kann, wird es schwer haben, sich in der Gesellschaft durchzusetzen und von Dauer zu sein ... Eine Verantwortungsethik ohne religiöse Fundierung scheint ... in der Moderne einfach nicht zu funktionieren." Wenn nun auch Jürgen Habermas, der stets moderne, die Säkularisierungsthese „der Moderne" bezweifelt und die öffentliche Bedeutung der Religion hervorhebt, dürfen wir nach 40 Jahren Katzenjammer mit einer neuen Wertschätzung für Religion, Ordnung, Pflicht und Autorität rechnen. Vor allem in Zeiten großer Wirtschaftskrisen.

Christlich-konservativ

Konservative haben es schwer. Sie sollen rechtfertigen, *was* sie bewahren wollen – und *warum*. Hingegen kommt der „progressive" Anspruch auf Veränderung, auch wenn er keinerlei Verbesserung erwarten läßt, meist ohne diese Rechtfertigung durch. Die APO der 68er brauchte keine Apologetik. Die Verheißung der Emanzipation genügte. Jetzt erweist sie sich als großer Schwindel, für den keiner verantwortlich sein will. Manche mußten sich erst verirren, um das Richtige zu finden. Und wer als „zurückgeblieben" galt, war oft seiner Zeit voraus.

Auch progressive Christen müssen heute konservativ sein, sonst sind sie keine Christen mehr. Was am Christentum bewahrenswert ist und also die christliche Grundhaltung konservativ prägt, wird freilich nicht durch die wechselhafte Laune eines Zeit- und Parteigeistes, sondern durch biblische Offenbarung, Glaubenserfahrung, Tradition und Kirche definiert. Schließlich besteht die konservative Haltung der Christen in der gläubigen Erwiderung und praktischen Bestätigung jener erlösenden Liebe und Treue, die in Jesus Christus ihren Ausgang nimmt.

Konservativ zu sein und dabei stets aktuell zu bleiben, bedeutet für Christen eben nicht, eine abgestandene Konserve von Zeit zu Zeit mit einem neuen Etikett zu versehen. Es geht ihnen nicht um die Musealisierung eines nostalgischen Andenkens, nicht um die Mumifizierung der Erinnerung an eine Person, die längst verblichen ist. Christus lebt und ist in seiner Kirche präsent. Das ist die anhaltend wirkende Erfahrung und mithin konservative Botschaft des Christentums.

Deshalb ist die Übertragung der typisch politischen und allzu groben Unterscheidung „konservativ-progressiv" auf die Kirche unpassend – und für Christen, die an der überlieferten, stets hoffnungsfrohen Glaubenserfahrung festhalten, inakzeptabel. Aber schon in der politischen Sphäre deutet sich an, wie strukturreformerisch gerade christlich-konservative Politiker wie Adenauer, Erhard und Kohl sein konnten. Der altmoderne Widerspruch zwischen „konservativ" und „progressiv" scheint sich langsam aufzuheben. Wie sehr sich die Fronten verkehrt haben, beweisen die vormals Progressiven: Sobald eine „Reform der Reform" droht, erstarren sie in Abwehrhaltung, um ihre vermeintlichen Errungenschaften zu retten.

Gilt dies auch für die Kirche? Nur sehr eingeschränkt, und dann auf einer anderen Ebene. Die Kirche mag zwar, soziologisch betrachtet, Teil unserer politisch-ökonomischen Kultur sein. Aber wer sie lediglich als integriertes Subsystem unserer demokratischen und marktwirtschaftlichen Gesellschaft wahrnimmt, übersieht ihren substantiell eigenständigen Charakter als Gemeinschaft religiöser Art, die sich im Kontrast zur „Welt" gelegentlich auch quer zur Gesellschaft stellen muß, um auf eine „ganz andere" Wirklichkeit hinzuweisen.

Diese Wirklichkeit, Reich Gottes genannt, ist eben keine politisch-ökonomische Größe. Deshalb darf sich die Kirche (und ihre Caritas) nicht von einem üppigen Sozialstaat vereinnahmen lassen. Sie steht auch nicht im Dienst der Wirtschaft oder gar des „Kapitalismus". Und sie muß immer Distanz halten zu einer Partei – sei sie auch noch so christentumsfreundlich.

Die entsprechende Stelle im Römerbrief des heiligen Paulus (Röm 12,2) lautet: „Paßt euch nicht dieser Weltzeit an, sondern gestaltet euch um durch die Erneuerung des Geistes, damit ihr prüft, was der Wille Gottes, das Gute, Wohlgefällige und Vollkommene ist." Dieses „Nolite conformari" bedeutet zunächst: Christen sind Nonkonformisten, keine Anpasser, die dem jeweils sich vordrängelnden Geist der Zeit nachlaufen. Den Grund für diese christliche Unzeitgemäßheit sieht Paulus in den dunklen Seiten, die diese Welt seit dem Sündenfall kennzeichnen: Sie ist vergänglich und kurzlebig; böse Mächte bedrücken sie; in ihr wirken Sünde und Laster, Habgier und Verblendung.

Das ist keine Schwarzmalerei des Apostels, sondern eine realistische Wahrnehmung der Wirklichkeit – und es fällt nicht schwer, passende Beispiele auch für unsere Gegenwart zu nennen: etwa die massenhaften Abtreibungen; die Tendenzen zur aktiven Euthanasie; die Vernutzung embryonaler Stammzellen zu medizinischen Zwecken; die Entwicklung zur genetischen Selektion und Manipulation; die staatliche Förderung homosexueller Partnerschaften; die allgegenwärtige Pornographie; der Kult der Gewalt in den Medien, in Terror und Krieg; der Zerfall der Familien und der Verlust der Erziehung – und nicht zuletzt Armut, Elend und Hunger in großen Teilen der Welt.

All das hört die fortschrittsoptimistische Moderne nicht gern. „Modern" wird seit Karl Kraus auf der ersten Silbe betont. Es modert. Klar ist, daß Christen dieses Spiel nicht mitspielen oder sich gemütlich einnisten dürfen. Kein „Anschluß" unter dieser Nummer. Die Negativliste der „Zeichen der Zeit" läßt auf Erlösungsbedürftigkeit schließen und setzt zugleich positiv die Erfahrbarkeit des Guten, Wahren und Schönen voraus. Doch auch viele Christen sind vom Fortschrittsoptimismus immer noch so benebelt, daß sie die Schattenseiten kaum mehr wahrnehmen.

Christen müssen heute in profilierter, kritisch unterscheidender Weise konservativ sein, indem sie die Aufklärer aufklären, die Emanzipatoren emanzipieren und die Kritiker kritisieren. An den Früchten ihrer eigenen Lebensweise bezeugen sie die Wahrheit ihres Glaubens und ihrer moralischen Ansprüche. Und wenn sie sich missionarisch als „Salz der Erde" bewähren wollen, sollten sie zunächst einmal innehalten, umkehren und bei sich selber anfangen.

Zeitgeistbeflissen

Wie sehr die CDU dem Zeitgeist hinterherläuft, oder besser: hinterherhinkt, läßt sich am Beispiel des rechtlichen Lebensschutzes deutlich nachweisen. Im Zeitgeistgefolge der grassierenden Abtreibungsmentalität (die dazugehörenden Parolen lauteten: „Ich habe abgetrieben!" oder „Mein Bauch gehört mir!") ist auch in der CDU die klassische, vom Zweiten Vatikanischen Konzil bekräftigte Erkenntnis in Vergessenheit geraten, daß die Tötung der Ungeborenen ein „verabscheuungswürdiges Verbrechen" bedeutet. Heute wird die Abtreibung kaum noch als moralisches und politisches Problem wahrgenommen. Sie wird vom Staat nicht spürbar mißbilligt, sondern finanziell gefördert. Das hat das allgemeine Rechtsempfinden empfindlich eingetrübt und das Gewissen gelähmt. Und anders als in den USA halten sich die Kirchen in Deutschland bei der Lebensschutzbewegung zurück. So werden die Befürworter der aktiven Sterbehilfe ein leichtes Spiel haben.

Schon aus demographischen Gründen müßte die CDU das Thema des vorgeburtlichen Lebensschutzes wieder auf die politische Agenda setzen. Spätere Generationen würden uns sonst verfluchen. Wenn sich hierzulande der Anteil der Jüngeren halbiert und der der Älteren verdoppelt haben wird, werden wir uns die Augen reiben und feststellen: Uns fehlen genau die Millionen Kinder, die wir „rechtswidrig, aber straffrei" haben abtreiben lassen.

Nun will Frau Ursula von der Leyen, CDU-Bundesministerin für Familie, Senioren, Frauen und Jugend, die Kinderfreundlichkeit durch staatlich zu organisierende Kinderkrippen steigern und damit auch die Vereinbarkeit von Familie und außerhäuslicher Erwerbstätigkeit fördern.

Das Kreuz mit den Krippen

„Kinder sind Zukunft" lautet jetzt parteiübergreifend die Beschwörung der Familienpolitiker, seitdem sie vom demographischen Erdrutsch unserer Gesellschaft Kenntnis erlangt haben. Der Artikel 6 unseres Grundgesetzes stellt Ehe und Familie unter den besonderen Rechtsschutz des Staates, weil das ursprüngliche, d. h. „natürliche" Recht von Ehe und Familie dem Recht des Staates vorausgeht und ihn verpflichtet. Unterminiert wurde der Artikel 6 bereits durch die weitgehende Gleichstellung dieser den Staat konstituierenden Institutionen mit gleichgeschlechtlichen Verbindungen, die zwar keine Familien hervorbringen, jedoch an deren Privilegien parasitär partizipieren wollen.

Neben diesem Hohn hat sich freilich hinreichend erwiesen, daß die den Familien zukommenden „Privilegien" eigentlich gar keine sind, sondern nur symbolische Entschädigungen für Leistungen, die die Familien für die Gesellschaft weithin unentgeltlich erbringen. Statt die Kinderlosen finanziell stärker zu belasten, um den kinderreichen Familien mehr Lebenschancen zu geben, will man nun durch Kinderkrippen die Familien „entlasten", damit die Eltern durch ihre Erwerbstätigkeit diese Krippen auch finanzieren können. Die angestrebte Vereinbarkeit von Familienarbeit und Erwerbstätigkeit soll wesentlich durch den Verzicht auf familiäre Erziehungsarbeit erreicht werden. Der Prozeß des modernen Funktionsverlusts der Familie strebt damit ihrer endgültigen Zerstörung zu, und manche glauben auch noch, die Familie dadurch retten zu können, daß man ihr die wichtigste Aufgabe, nämlich die Erziehung der Kinder, entzieht.

Dagegen gibt es einen starken Einwand: „Pflege und Erziehung der Kinder sind das natürliche Recht der Eltern und die zuvörderst ihnen obliegende Pflicht." Dieser Vorbehalt wurde nicht etwa allein durch Bischof Walter Mixa erhoben, der die linke Phrase von den Frauen als „Gebärmaschinen" umkehrte und auf die Kinderkrippenpolitik der Bundesregierung kritisch anwandte, sondern er findet sich bereits wortwörtlich im Grundgesetz (Art. 6, Abs. 2).

Selten und seltsam, daß das Grundgesetz von Pflichten spricht. Das haben sich unsere heutigen Politiker völlig abgewöhnt. Natürlich würden unsere Eliten, die ihrer eigenen familiären Erziehungspflicht nicht nachkommen wollen oder können, und die nun die „flächendeckende" Einrichtung von Krippenplätzen und einen entsprechenden Rechtsanspruch für die *misera plebs* fordern, niemals ihre eigenen Kindern einer anonymen Krippe anvertrauen, sondern lieber Ammen, Kindermädchen und Tagesmütter in Anspruch nehmen. *Quod licet Jovi, non licet bovi.* Erziehungshilfen dieser Art hat es in „besseren Kreisen" für überforderte Mütter immer gegeben. Und der freiheitliche Staat täte gut daran, zur Abwehr kollektivistischer Milieuschädigungen à la DDR, den Rechtsanspruch nicht auf einen Krippenplatz, sondern auf die häusliche, besonders mütterliche Erziehung zu richten. Durch subsidiäre Hilfen aller Art. „Wie altmodisch!" wenden hier fast alle Politiker fast aller Parteien ein, und manche faseln von „Herdprämie". Sie haben Probleme mit dem Grundgesetz, das lapidar festhält: „Jede Mutter hat Anspruch auf den Schutz und die Fürsorge der Gemeinschaft." Es wird Zeit, den Verfassungsschutz gegen die Diskriminierung der Mütter und Familien zu mobilisieren. Auf dem Weg in die mutterlose Gesellschaft laufen wir Gefahr, die „Keimzelle der Gesellschaft" und die Familie als „kleine Kirche" zu verlieren. Die Verluste an Glaube, Moral und Freiheitskultur wären nicht mehr kompensierbar.

Wenn jetzt vermehrt Kinder in den ersten drei Lebensjahren vom kollektiven Krippensystem erfaßt werden, wird man fragen müssen, wer denn für die frühkindliche Erziehung (nicht nur Betreuung) die Verantwortung trägt. Nach welchen Werten und durch welche Vorbilder soll erzogen werden? Letztlich wird der Staat anmaßend behaupten: „Was Werte sind, bestimmen wir." Wer die Ideologie und Geschichte totalitärer Staaten kennt, ahnt schon, worauf das alles hinauslaufen kann.

Gender Mainstreaming

Die CDU ist unverkennbar, besonders in Person der Frau Bundesministerin von der Leyen, schon stark vom Zeitgeist des „Gender Mainstreaming" eingenommen. Die Ministerin fördert ein „GenderKompetenzZentrum", ein Forschungsinstitut an der Humboldt-Universität zu Berlin, das die Politik der Gender-Ideologie der Bundesregierung unterstützen soll. Die Ideologie von der Beliebigkeit der Geschlechter entsprang einem ebenso individualistischen wie illusionären

Menschenbild, das mit der jüdisch-christlichen Anthropologie nichts zu tun hat.

Wer die unterschiedslose konkrete Gleichstellung von Männern und Frauen anstrebt, übersieht die naturale Vorgegebenheit und Unbeliebigkeit der Geschlechter. Man tut so, als ob die Geschlechtszugehörigkeit eine bloße Rolle wäre, die Männer und Frauen „spielen", weil diese Rollen lediglich erlernt und durch Erziehung beliebig veränderbar wären. Der in Heidelberg und Mannheim lehrende evangelische Theologe Rainer Mayer hat in der Zeitschrift „Evangelische Verantwortung" des Evangelischen Arbeitskreises (EAK) der CDU/CSU die Gender-Ideologie als Ausdruck puren Egoismus gedeutet. Einzelinteressen werde absoluter Vorrang vor den Interessen der Gemeinschaft eingeräumt. Die Gesellschaft bestehe aber nicht aus lauter isolierten Individuen. Sie basiere vielmehr auf der Elternschaft als dem Ursprung aller Gemeinschaft. Diese wiederum beruhe auf dem geschlechtlichen Unterschied zwischen Mann und Frau.

Die Grundeinsicht, daß die Gesellschaft Kinder brauche, um zu überleben, und die Grundfrage, was dem Wohl der Kinder nütze, würden beim „Gender Mainstreaming" außer acht gelassen, hält Rainer Mayer fest. Der Gender-Zeitgeist fördere ein ungerechtes, illusorisches, zerstörerisches Denken und Handeln: „Resultat ist eine paradoxe Mischung aus Anarchismus und Zwangskollektivismus mit allen Merkmalen einer Ideologie."

Außerdem stellt Mayer eine „widersinnige gesellschaftspolitische Entwicklung" fest. Das „Gender Mainstreaming" widerspreche diametral den Behauptungen von Schwulen- und Lesbenverbänden. Während die Gender-Vertreter überzeugt seien, daß es keine geschlechtlichen Festlegungen gebe und jeder Mensch seine sexuelle Orientierung aussuchen, gestalten und verändern könne, betrachtete die Homosexuellen-Lobby die sexuelle Orientierung als unveränderlich.

Vor dieser Lobby ist auch die CDU schon eingeknickt – im steten Bemühen, sich überall „lieb Kind" zu machen. In Deutschland gilt das freimütige öffentliche Bekenntnis zum christlichen Glauben und seiner Moral inzwischen als unschicklich, ja als „fundamentalistisch". Eher kann sich ein Politiker als praktizierender Homosexueller „outen" denn als Christ bekennen. Die rot-grüne Regierung hatte damit begonnen, homosexuelle Beziehungen mit Ehe und Familie rechtlich gleichzustellen. Damit gewährte sie rechtliche Privilegien und finanzielle Anreize für ein sozial- und sexualmoralisch problematisches Verhalten. Die programmierte Unfruchtbarkeit wurde prämiert. Natürlich auf Kosten von Ehe und Familie, die grundgesetzlich geschützt sind. Diese sollen ihre Privilegien mit den Homosexuellen teilen. Wer aber Privilegien verallgemeinert, schafft sie ab. Die zur Förderung homosexueller Partnerschaften bereitgestellten Mittel stehen den Familien nicht mehr zur Verfügung. Das ist bei weitem mehr, als christliche Toleranz und liberale Rechtsstaatlichkeit gebieten.

GEHEN ODER BLEIBEN?

Vor allem für Christen, die ihren Glauben noch ernst nehmen und kirchlich praktizieren, stellt sich die eingangs genannte Gretchenfrage. Da gerade sie es sind, die seit Gründung der CDU zu ihren Mitgliedern und Stammwählern gehören, verbietet sich für die Partei jedes Lavieren und Verdrängen der Kritik. Etwa mit dem Hinweis darauf, es bliebe den Christen ja ohnehin nichts anderes übrig, als die CDU zu wählen. Denn es gäbe ja zu ihr „keine Alternative". Zur CDU als einem bloß „geringeren Übel" gibt es sehr wohl Alternativen, zum Beispiel der Parteiaustritt oder die Wahlenthaltung. Und sei es nur aus Gründen eines Denkzettels oder einer Warnung. Oder die Wahl einer „christlichen" Splitterpartei. Oder die Neugründung einer solchen, so unrealistisch und verschroben das sein mag.

In Vergessenheit geraten ist Alfred Dreggers kluge Devise: „Zuerst kommt die Stammkundschaft, dann die Laufkundschaft." Sträflich vernachlässigt hat die CDU besonders jene Fragen, auf die es den christlich betonten Mitgliedern und Stammwählern besonders ankommt. Es sind nicht so sehr die Fragen der sozialen Absicherung, der inneren und äußeren Sicherheit, der ökonomischen und ökologischen Ordnung, der Kultur und Bildung etc. Solche Fragen werden von anderen Parteien, die keinen C-Anspruch im Namen tragen, inzwischen ähnlich und manchmal sogar besser aufgegriffen. Mittlerweile werden die wachsenden Probleme von allen Parteien ja nur noch aufgegriffen und nicht mehr gelöst. Wir hören von allen Parteien dieselben Phrasen der Ankündigungen und Verheißungen. Die Lösungen werden auf die lange

Bank geschoben, weil sie mit Härten und Opfern verbunden sind, die man den gegenwärtig Lebenden nicht zumuten will. Noch einfacher löst man die Probleme der Politik auf Pump. Die exorbitant steigende Staatsverschuldung können ja spätere Generationen begleichen.

Gewiß haben diese Tendenzen die allgemeine Politik- und Parteienverdrossenheit seit Jahrzehnten gefördert. Erschwerend kommt für die CDU hinzu, daß sie im Lauf der Zeit immer mehr kapituliert hat vor dem Geist einer Zeit, die dem Christentum und seinen Lebenswerten immer mehr entgegenwirkte. Diesbezügliche Defizite spiegeln sich nicht nur in den Programmen dieser Partei wider, sondern haben sich besonders aus ihrer konkreten Politik ergeben. Herabgewürdigt wurde der Lebensschutz, wurden Ehe und Familie als zentrale Institutionen. Die demographischen und sonstigen Folgen sind nun überall spürbar: in den sozialen und ökonomischen Verhältnissen, besonders aber in der kollektiv depressiven Stimmung, die ein aussterbendes Volk fast verzweifeln läßt. Ganz zu schweigen von der großen Schuld und den hohen Schulden, die es abtragen muß.

Was kann man von der CDU verlangen?

Auch von einer Partei, die sich christlich verpflichtet weiß, kann man nicht verlangen, daß sie den Wirksamkeitsmangel der Kirchen politisch zu kompensieren hat. Sie ist nicht der verlängerte politische Arm einer Kirche, der es kaum mehr gelingt, als Instanz religiöser Sinnstiftung und moralischer Ordnungskraft gesamtgesellschaftliche Wirkungen zu erzielen. Von einer Partei ein stärkeres christliches Engagement zu fordern, läßt kirchlicherseits oft die eigene Rat- und Hilflosigkeit erkennen.

Andererseits bedeutet das „C" im Namen einer Partei heute kaum einen machtstrategischen Nutzen mehr, sondern eher eine Hypothek. Parteipolitisch scheint die Selbstverpflichtung auf das Christliche eher auf ein gewisses Kreuz hinauszulaufen, denn der politische Gegner spart nicht mit dem Vorwurf der Heuchelei und dem Verdacht des Fundamentalismus. Dabei verhindert gerade die Berufung auf das richtig verstandene christliche Wertfundament einen Fundamentalismus, der – wie in fast allen islamisch dominierten Ländern üblich – eine totalitäre Vermischung von Glaube und Politik betreibt.

Was bleibt verbindlich für Christen in der Politik, namentlich in einer christlichen Partei? Es sind vor allem jene Grundwerte und Sozialprinzipien, die sich aus dem christlichen Menschenbild ergeben, dabei aber keineswegs exklusiv christlich sind: Personalität und Menschenwürde, Menschenrechte und entsprechende Pflichten, Gemeinwohl und Gerechtigkeit, Liebe und Solidarität, Freiheit und Subsidiarität. Diese menschlichen Werte und Prinzipien sind freilich integriert in eine göttliche Schöpfungsordnung, in der auch die menschliche Verantwortung für die Umwelt-Natur verankert ist. Eine christliche Partei wird durch die Schöpfungstheologie motiviert, die Natur als Gottes Schöpfung zu bewahren, ohne sie pantheistisch zu verklären oder zu verabsolutieren. Tiere besser zu schützen als ungeborene Menschen dürfte hingegen einer christlich inspirierten Politik nicht in den Sinn kommen. Das würde auch einer praktischen Vernunftethik widersprechen, wie sie von Kant entworfen wurde.

Ob nun die konkreten parteipolitischen Forderungen, die mit diesem prinzipiellen Menschen- und Weltbild begründet oder motiviert werden, auch notwendig aus ihm folgen, kann hier und dort bestritten werden. Abstrakte Prinzipien sind nicht inhaltsleer, aber sie eröffnen verschiedene Möglichkeiten der Realisierung und damit eine legitime Pluralität.

Eine Partei kann sich nicht allein wegen ihrer Mitglieder „christlich" nennen, die in ihres frommen Herzens Kämmerlein den Glauben individuell pflegen. Vielmehr muß sie auch in ihrem Programm und in ihrer Politik christliche Inhalte erkennen lassen, und zwar solche, die mit der praktischen Vernunft kompatibel sind. „Christlich" bedeutet dabei allerdings eine große Herausforderung, der man nie ganz gerecht werden kann, und keineswegs ein Instrument zur theologischen Legitimierung oder Absegnung einer bestimmten Politik.

Eine Politik, die sich an christlichen Werten orientiert, bedient sich nicht ihrer, sondern dient ihnen. Dies begründet keinen eigenen Herrschaftsanspruch und keine zusätzliche Fachkompetenz, sondern führt vor allem zu einer Selbstverpflichtung, die sich gegen jeden ideologischen und totalitären Machtanspruch wendet.

Daraus ergeben sich drei Forderungen:

1. Die CDU kann keinen Alleinvertretungsanspruch erheben, so als verträte sie *alle* Christen in der Politik – oder sie *allein* betriebe christliche Politik. Bekanntlich führen viele Wege nach Rom. Oder nach Wittenberg, Genf und Moskau.

2. Die CDU darf keine Allzuständigkeit beanspruchen, etwa in Religions- und Moralfragen, denn sie weiß, daß sie – wie auch der Staat – von Wertprämissen lebt, die sie selber nicht geschaffen hat und garantieren kann. Sie ist keine ideologisch-politische Ersatzkirche, die absolute Heilsbedürfnisse zu befriedigen vorgibt, sondern sorgt mit dafür, daß die Kirche im Dorf bleibt und auch in der Stadt. Religionsfeindliche und antikirchliche Tendenzen müssen schon deshalb abgewehrt werden, weil sie immer zur pseudoreligiösen Aufladung einer Politik führen, die sich dann ideologisch-utopisch anmaßt, endgültige Erwartungen und transzendente Verheißungen erfüllen zu können.

3. Die CDU sollte den religiös-moralischen Wahrheitsanspruch der Kirchen respektieren – und für sich keinen politischen Unfehlbarkeitsanspruch reklamieren. Nicht einmal der Papst ist in politischen Dingen unfehlbar, sondern nur in dogmatischen, wenn er, was höchst selten vorkommt, *ex cathedra* entscheidet. Die CDU sollte ihre eigene Begrenztheit und Irrtumsfähigkeit eingestehen und nicht versuchen, noch päpstlicher zu sein als der Papst. Vor allem sollten sich CDU-Bundeskanzlerinnen protestantischer Konfession nicht in katholisch-weltkirchliche Angelegenheiten einmischen und damit die Erinnerung an wilhelminische Übergriffe wachrufen. Die Anmaßungen eines *summus episcopus* würden sich heute auch evangelische Landeskirchen verbitten.

Konfessionelle Entfremdungen

Für das Wohl und Wehe der CDU entscheidend ist nicht so sehr das Parteiprogramm, das zahlreiche Lücken aufweist. Ich gehe jede Wette ein, daß die meisten Mitglieder und Wähler der CDU ihr eigenes Programm nicht gelesen haben. Wie ja auch die meisten Christen ihre Bibel und den Katechismus nicht mehr kennen. Parteiprogramme sind inzwischen wie Säcke, die mit guten Absichten vollgestopft werden, aber von immer weniger Menschen getragen werden. Wo sind sie geblieben, die politisch engagierten Christen? Die glaubwürdigen Personen, die noch Grundsätze haben und sie auch gegen Widerstände offensiv vertreten?

Diese Frage ist nicht nur an die CDU gerichtet, sondern bringt auch die Kirchen in Verlegenheit. Beide nämlich, Kirche und C-Partei, leiden an einem Profil- und Relevanzverlust, der sich seit Jahrzehnten schleichend ereignet. Deutschland ist, was den kirchlichen Glauben betrifft, ein Missionsland geworden, dem die Missionare fehlen. Und die

CDU erfährt eine geistig-moralische Auszehrung, die an die Substanz geht. Schaut man aber genauer hin, so findet man immer noch in der CDU verhältnismäßig viele überzeugte und überzeugende Christen, die zugleich kirchlich engagiert sind. Und umgekehrt zeigen sich in den gelichteten Reihen der Kirche nach wie vor politisch interessierte Laien und Kleriker, welche die christliche Botschaft glaubwürdig in die C-Partei tragen.

Die Kirche bildet offensichtlich nicht nur Meßdiener aus, die später Karriere im Showbusiness machen. Sie bringt gerade in ihren Sozialverbänden (wie Kolping) noch ziemlich viele junge Leute hervor, die sich in der CDU bemerkbar machen. Besonders lebhaft wirken sie mit bei den „Christdemokraten für das Leben" (CDL) und in der „Jungen Union", die eine interessante Allianz mit der „Senioren-Union" bildet. Von dort hört man Botschaften, die man sonst von der CDU nicht erwartet. Aber auch im „Evangelischen Arbeitskreis" und in der „Christlich-demokratischen Arbeitnehmerschaft" (CDA) regt sich gelegentlich ein kritisch-christlicher Geist, der die Bundes-CDU herausfordert. Gleichwohl bildet die Summe der einzelnen Gruppierungen noch nicht das Ganze der CDU, deren christliches Erscheinungsbild sehr blaß geworden ist.

Zugegeben: Für eine Volkspartei wie die CDU ist es nicht einfach, alle ihr innewohnenden Vereinigungen und Tendenzen in ein Gemeinsames zu integrieren. Deshalb geriet ihr Parteiprogramm zu einem Sammelsurium sehr allgemeiner und dabei gegenläufiger Aussagen. Das CDU-Programm ähnelt hier übrigens den Formelkompromissen, die sich in den gemeinsamen ökumenischen Worten der Kirchen finden – und wo jede Konfession in eigener Interpretation das Ihrige hinein- oder herauslesen kann.

Bei allen Gemeinsamkeiten: Zu unterschiedlich sind noch die Konfessionen in ihrem jeweiligen Verständnis von Kirche, Tradition und Lehramt. Jedenfalls ist es leichter, „katholisch" einerseits und „evangelisch"/„protestantisch" andererseits zu definieren, als sich auf eine gemeinsame Definition des Christlichen zu einigen. Besonders in Fragen des Lebensrechts der Ungeborenen sind in den letzten Jahren die Differenzen zwischen den Kirchen erheblich gewachsen. Offensichtlich hat sich die CDU in den bioethischen Fragen immer mehr den protestantischen Entwicklungen angeschlossen. Auch dies mag die wachsende Entfremdung der CDU von der katholischen Position erklären. Zu einer verbindlichen Einigung über das wesentlich Christliche zu kommen, ist gewiß ein lohnendes Ziel des ökumenischen Gesprächs der Kirchen. Eine politische Partei kann freilich dieses Ziel nicht antizipieren, sie ist schließlich keine Kirche. Zuweilen erweckt die CDU jedoch den Eindruck, sie sei eine konfessionsübergreifende politische Superkirche.

Eines ist sicher: Angela Merkel ist nicht „die" CDU und wird es nie werden. Nicht etwa weil sie Protestantin ist. Auch katholische Kanzler wie Adenauer und Kohl waren nie völlig identisch mit ihrer Partei, aber sie konnten die Flügel besser integrieren oder, wenn es sein mußte, beschneiden. Mit großem Ernst haben sie die Kirchen konsultiert und waren um innerparteilichen Ausgleich bemüht. Aber unter der Regie von Frau Merkel scheint die CDU nicht nur säkularer und liberaler, sondern auch protestantischer geworden zu sein. Diese Tendenz macht sich auch in der Konfessionszugehörigkeit ihres Spitzenpersonals bemerkbar.

Exodus auf Raten

Anders läßt es sich nicht erklären, daß sich viele traditionelle Katholiken in der CDU nicht mehr heimisch fühlen und sich enttäuscht abwenden. Ein Exodus auf Raten findet statt. Dabei ist nicht zu übersehen: Bei den praktizierenden Katholiken (wie auch bei den evangelischen Kirchgängern) ist die CDU immer noch die erste Wahl. Aber gerade diese von der CDU vernachlässigten Stammwähler könnten über die künftige Regierungsfähigkeit der CDU entscheiden. Die Kirche wird auch ohne die Hilfe der CDU überleben, trotz der Konditionsschwäche, die beide erleiden. Ob aber die CDU auf Dauer bleibt, ist ungewiß. Ihr Sterbeglöcklein zu läuten ist aber verfrüht, trotz bedenklicher Rückgänge bei ihren Mitgliedern und Wählern.

Hinsichtlich der CDU-Mitglieder hat Eckart Lohse („FAZ. net" vom 18. März 2009) einige bemerkenswerte Daten zusammengetragen: „Von den knapp 530.000 Parteimitgliedern sind etwa die Hälfte katholisch, 32 Prozent evangelisch, also mehr als 80 Prozent Angehörige einer christlichen Kirche. Doch das sind nur die groben Zahlen. Im Jahr nach dem Beginn der Kanzlerschaft Angela Merkels machte die CDU-nahe Konrad-Adenauer-Stiftung eine Mitgliederbefragung. Den Satz ‚Religion ist für mich der tragende Grund meines Lebens' machten sich in den alten Ländern 70 Prozent der CDU-Mitglieder zu eigen, in den neuen Ländern immerhin 64 Prozent. Das liegt erstens weit über dem gesellschaftlichen Durchschnitt und bedeutet gegenüber der entsprechenden Befragung aus dem Jahr 1993 in West wie Ost eine Steigerung von etwa zehn Prozent. Die Hälfte aller Befragten in den alten Ländern reklamierte für sich eine ‚starke Kirchenbindung', in den neuen Ländern waren es 46 Prozent. Auch dieses bedeutete gegenüber der Befragung von 1993 eine satte Steigerung von plus zwölf Prozent (West) und neun Prozent (Ost). Immerhin 28 von hundert Befragten CDU-Mitgliedern in Westdeutschland teilten 2006 mit, sie gingen häufig in die Kirche, in Ostdeutschland waren es 21 Prozent. Einen ‚gelegentlichen Kirchgang' vermeldeten 48 Prozent (West) und 52 Prozent (Ost). Gerade angesichts der Sorgen vieler CDU-

Mitglieder, ihre traditionellen Werte könnten verlorengehen, sind diese Zahlen von einiger Aussagekraft."

Bei der Bundestagswahl 2005 erzielte die Union ihr seit über 50 Jahren schlechtestes Ergebnis. Es folgten bei den Landtagswahlen in Rheinland-Pfalz, Niedersachsen, Hessen, Hamburg und Bayern weitere erhebliche Stimmenverluste. Die bisher treu zur CDU haltenden Wählergruppen, nämlich die christlichen Konservativen, darunter vor allem die über 60jährigen, sind unsicher geworden. Viele liefen davon und werden so leicht nicht mehr zurückkommen. Und neue Wählergruppen zu erschließen ist – trotz vieler Anbiederungsversuche – bisher kaum gelungen.

Die Verrenkungen der CDU bei ihrem krampfhaften Versuch, neue Wählerschichten zu gewinnen, lassen ihre substanziellen Defizite um so deutlicher in Erscheinung treten. Es hat der Partei Helmut Kohls nichts gebracht, als sich Rita Süßmuth in ein riesiges Kondom verpacken ließ, um für einen „Spiegel"-Titel zu posieren. „Seht her, wie fortschrittlich wir sind", mag auch Edmund Stoiber gedacht haben, als er demonstrativ eine unverheiratete werdende Mutter als Kandidatin für das Familienministeramt nominierte. Das sollte von hohem Symbolwert sein und eine ganz neue Familienpolitik ankündigen. Aber er hat die Wahl haushoch verloren. Nicht etwa, weil Kardinal Joachim Meisner die Unionsparteien aufforderte, auf das „C" im Parteinamen zu verzichten. Sondern weil auch junge „emanzipierte" Frauen das opportunistische Spiel durchschaut – und lieber das Original als die schlechte Kopie gewählt hatten.

Irgendwann sind auch die Schmerzgrenzen der treuesten CDU-Anhänger erreicht. Aber wer geht, läßt die CDU im Stich und verzichtet darauf, von innen auf sie einzuwirken. Wer, wenn auch zähneknirschend, bleibt, muß sich ins Zeug legen. Und nach Verbündeten suchen. Zum Gehen fordern jene auf, die sich aus dem Austritt oder der Wahlenthaltung ein öffentlich vernehmbares Signal an die Parteispitze erwarten. Aber wird diese Wirkung eintreten – oder wird nur die Seite gestärkt, die das christliche Gewicht schwächt? Für Christen empfiehlt sich, die Kandidaten genau zu befragen, die von der CDU vorgeschlagen werden. Ich selber halte es mit dem Wahlgeheimnis. Dreimal darf man raten, welche Parteien ich nicht wähle.

Sich beliebt zu machen, *everybodys darling* sein zu wollen, zahlt sich auf Dauer nicht aus. Von immer mehr Wählern werden klare, unmißverständliche Aussagen gefordert. Ungeschminkt realistisch, was den Ernst der Lage betrifft. Und unverwechselbar wertkonservativ, was die politische Verantwortung für die Zukunft betrifft. Nicht länger kann sich eine C-Partei daran vorbeidrücken, ehrlich Auskunft zu geben: über die christlichen Werte und die menschenrechtlichen Prinzipien, über die grundlegenden Institutionen von Ehe und Familie, über die ungeheure Verschuldung und die drohende Inflation, über die schlimmen Folgen der demographischen Entwicklung, auch zur „Leitkultur" der Deutschen, die einen neuen Gemeinwohl-Patriotismus suchen.

Manchmal hat man das bange Gefühl, der CDU könnte dasselbe Schicksal widerfahren wie dem Kölner Stadtarchiv. Es brach zusammen aus Unachtsamkeit, nicht bösem Willen. Man wollte nur etwas untertunneln und modernisieren, um den Verkehr zu beschleunigen. Aber man tat nichts zur Absicherung der Fundamente. So sanken die Zeugnisse der Geschichte in Trümmer und lassen sich nur mühsam retten. Einige Dokumente hatte man vorher in ein kirchliches Museum ausgelagert, dort sind sie sicher aufgehoben. Wenigstens wurde der Nachlaß Adenauers geborgen. An sein Erbe und seine Erfolge wieder anzuknüpfen, dürfte für die CDU weit schwieriger sein als die Rekonstruktion historischer Dokumente. Aber wer weiß, vielleicht stehen wir bald vor einer neuen Gründerzeit?

ZEHN GEBOTE FÜR DIE CDU

I. Ich bin der Herr, dein Gott. Du sollst keine anderen Götter neben mir haben

Setze Partei und Staat nicht absolut, sie sind weder allwissend noch allmächtig. Mißtraue auch der Mehrheit, sie ist nicht unfehlbar. Vermeide jeden Personenkult und spiele dich nicht als kleiner Herrgott auf. Bekämpfe Tendenzen eines totalitären Gottesstaats, sie sind eine Beleidigung Gottes. Widerstehe den Ideologien und Utopien des Zeitgeistes. Trete für das Gemeinwohl ein, aber verwechsle es nicht mit dem ewigen Heil. Folge mehr deinem Gewissen als den Machtinteressen deiner Partei. Und orientiere dich an bleibenden Werten.

2. Du sollst den Namen Gottes nicht verunehren

Wende dich gegen die blasphemische Herabsetzung Gottes und die Verunglimpfung der Gläubigen. Verteidige die Religionsfreiheit. Stelle dich gegen die Prediger des Hasses und der Gewalt. Bemühe dich um einen vernünftigen Dialog mit Andersgläubigen, schon um des Friedens willen. Mißbrauche Gott und die religiösen Symbole nicht zu Zwecken politischer Macht. Rede nicht von höchsten Werten, wenn du nicht danach handelst. Und verstecke deine Parteiinteressen nicht hinter hohen religiös-moralischen Ansprüchen.

3. Du sollst den Tag des Herrn heiligen

Schütze den Sonntag und andere religiöse Feiertage vor den Interessen der Wirtschaft und der Freizeitindustrie. Auch das Streben nach Wohlstand und Leistungssteigerung bedarf der regelmäßigen Ruhepausen und des gelegentlichen Innehaltens. Respektiere konsequent die „Tage der Arbeitsruhe und der seelischen Erhebung", von denen das Grundgesetz spricht. Verhindere, daß die legitimen Ausnahmen immer mehr zur Regel werden. Und halte den Sonntag frei als Zeit der Rekreation, der Danksagung und des familiären Lebens.

4. Du sollst Vater und Mutter ehren

Sorge für einen gerechten Ausgleich zwischen den Generationen. Ermutige junge Paare, Kinder zu bekommen und für die künftige Generation einzustehen. Stelle junge Familien rechtlich und finanziell besser als Singles und Kinderlose. Fördere die Wahrnehmung der Pflicht und des Rechts der Eltern, ihre Kinder zu pflegen und zu erziehen. Sorge dafür, daß der Staat nur subsidiäre Hilfe leistet und sich nicht anmaßt, die Autonomie der Familie zu untergraben. Und unterstütze die familiäre Betreuung der Kranken und Alten.

5. Du sollst nicht töten

Achte das Recht des Menschen auf Leben von seiner Empfängnis bis zu seinem natürlichen Ende. Schütze das Leben der Ungeborenen und laß nicht zu, daß sie zu Objekten wissenschaftlicher Forschung und medizintechnischer Verwertung herabgewürdigt werden. Verhindere aktive Euthanasie. Fördere den Frieden und meide Gewalt und Krieg. Beachte die Lehre vom „gerechten" Krieg, wonach er nur als allerletzte Möglichkeit zur Verteidigung in Betracht zu ziehen ist. Und ziehe den Dialog der Gewaltanwendung vor.

6. Du sollst nicht ehebrechen

Verteidige die Institutionen von Ehe und Familie, sie sind grundlegend für den Staat und ihm vorgeordnet. Schütze den Ehevertrag besser als Miet-, Kauf- und Arbeitsverträge. Wende dich gegen die Gleichstellung homosexueller Verbindungen mit der Ehe, die nur zwischen Mann und Frau geschlossen werden kann. Beende die Diskriminierung von Frauen, die sich als Mütter in besonderer Weise um die Kinder kümmern. Und sei nicht so mit deiner Partei oder deinem Amt „verheiratet", daß deine Familie darunter leidet.

7. Du sollst nicht stehlen

Schütze das persönliche Eigentumsrecht der Bürger, das die materielle Grundlage ihrer Freiheit ist. Achte darauf, daß möglichst viele Bürger Eigentum an Produktionsmitteln erwerben und dadurch verantwortliche Wirtschaftssubjekte werden. Höre auf, Schulden zu machen auf Kosten späterer Generationen. Enteigne die Bürger nicht durch Inflationspolitik. Sorge für eine gerechte Steuerpolitik, die die Leistung nicht bestraft. Laß dich nicht bestechen und korrumpiere die Wähler nicht durch Wahlgeschenke.

8. Du sollst nicht falsch gegen deinen Nächsten aussagen

Laß nicht ab von der Wahrheitsfähigkeit des Menschen, sie gehört zu seiner Würde. Bemühe dich um Objektivität in der Erfassung der Wirklichkeit. Versuche nicht, den Ernst der Lage schönzureden. Bewahre dich und andere vor ideologischer Manipulation und Irreführung, vor Einbildung, Selbstbetrug und Wunschdenken. Vermeide populistische Propaganda und irreführende Verheißungen. Unterlasse wahrheitswidrige und rufschädigende Aussagen über deine Konkurrenten. Und verspreche nicht mehr, als du halten kannst.

9. Du sollst nicht begehren deines Nächsten Frau

Schränke die öffentliche Schamlosigkeit ein und setze dem Zugang zur Pornographie Grenzen. Plädiere für eheliche Treue, schon um die Ausbreitung von Aids und anderen Geschlechtskrankheiten zu minimieren. Begrenze die Prostitution, um die Ehe zu schützen und die Würde der Frauen zu bewahren. Sorge dafür, daß der staatliche Sexualkundeunterricht nicht die eheliche Liebe und Treue moralisch entwertet. Und mißbrauche deine eigene Machtposition nicht zur sexuellen Ausbeutung von Abhängigen.

10. Du sollst nicht begehren deines Nächsten Gut

Achte darauf, daß der „Mammon" nicht zum Religionsersatz wird. Erliege nicht der Verführungsgewalt des Reichtums. Vermeide die Gier, die sich auf Kosten anderer zu bereichern versucht. Aber unterscheide sie von berechtigten Eigeninteressen, die die Leistung stimulieren. Verhindere durch rechtliche Regeln allzu gewagte und kurzfristige Spekulationen. Sorge für die Transparenz der Geldanlagen und für die Haftung der Eigentümer. Und glaube nicht, daß der Staat der bessere Unternehmer sei.

Literatur

Konrad Adenauer: Erinnerungen 1945–1953, Band I, Frankfurt a. M. 1967.

Helmut Kohl: Erinnerungen 1990–1994, München 2007.

Heinrich Krone: Tagebücher. Erster Band: 1945–1961, Düsseldorf 1996.

Lexikon der Christlichen Demokratie in Deutschland. Hrsg. im Auftrag der Konrad-Adenauer-Stiftung, Paderborn etc. 2002 (mit zahlreichen Literaturangaben).

Hans Maier: Katholizismus und Demokratie. Schriften zur Kirche und Gesellschaft I, Freiburg etc. 1983.

Wolfgang Ockenfels (Hrsg.): Katholizismus und Sozialismus in Deutschland im 19. und 20. Jahrhundert, Paderborn 1993.

Wolfgang Ockenfels: The Walberberg Circle. The Social Ethics of the German Dominicans. In: Francesco Compagnoni OP and Helen Alford OP (Ed.): Preaching Justice. Dominican Contributions to Social Ethics in den Twentieth Century. Dominican Publications, Dublin 2007, 330–355.

Joseph Ratzinger: Werte in Zeiten des Umbruchs. Die Herausforderungen der Zukunft bestehen, Freiburg 2005.

Leo Schwering: Die Entstehung der CDU, Köln 1946.

Heinrich Basilius Streithofen: Ist die CDU noch zu retten? Bilanz und Perspektive einer Volkspartei (2. Aufl.), München 1993.

Rudolf Uertz: Christentum und Sozialismus in der frühen CDU, Stuttgart 1981.

Lehrmäßige Note zu einigen Fragen über den Einsatz und das Verhalten der Katholiken im politischen Leben (24. Januar 2002). Verlautbarungen des Apostolischen Stuhls Nr. 158. Hrsg. vom Sekretariat der Deutschen Bischofskonferenz, Bonn 2002.

Bernhard Vogel (Hrsg.): Religion und Politik, Freiburg 2003.

Eberhard Welty: Was nun? Grundsätze und Hinweise zur Neuordnung im deutschen Lebensraum, Brühl o. J. (1945).